UM SONHO OU UMA VIDA?
CONSELHOS PARA UM POSSÍVEL RESGATE DE SONHOS E PLANOS DE VIDA

Editora Appris Ltda.
1.ª Edição - Copyright© 2022 da autora
Direitos de Edição Reservados à Editora Appris Ltda.

Nenhuma parte desta obra poderá ser utilizada indevidamente, sem estar de acordo com a Lei nº 9.610/98. Se incorreções forem encontradas, serão de exclusiva responsabilidade de seus organizadores. Foi realizado o Depósito Legal na Fundação Biblioteca Nacional, de acordo com as Leis nᵒˢ 10.994, de 14/12/2004, e 12.192, de 14/01/2010.

Catalogação na Fonte
Elaborado por: Josefina A. S. Guedes
Bibliotecária CRB 9/870

S433s
2022
	Scremin, Sueli Santos
	    Um sonho ou uma vida? conselhos para um possível regate de sonhos e planos de vida / Sueli Santos Scremin.
	    1. ed. - Curitiba : Appris, 2022.
	      140 p. ; 21 cm.
	
	    ISBN 978-65-250-3836-0
	
	    1. Autorrealização. 2. Sonhos. 3. Felicidade. I. Título.
	
	                                         CDD – 185.1

Livro de acordo com a normalização técnica da ABNT

Appris editora

Editora e Livraria Appris Ltda.
Av. Manoel Ribas, 2265 – Mercês
Curitiba/PR – CEP: 80810-002
Tel. (41) 3156 - 4731
www.editoraappris.com.br

Printed in Brazil
Impresso no Brasil

Sueli Santos Scremin

UM SONHO OU UMA VIDA?
CONSELHOS PARA UM POSSÍVEL RESGATE DE SONHOS E PLANOS DE VIDA

FICHA TÉCNICA

EDITORIAL Augusto Vidal de Andrade Coelho
Sara C. de Andrade Coelho

COMITÊ EDITORIAL Marli Caetano
Andréa Barbosa Gouveia (UFPR)
Jacques de Lima Ferreira (UP)
Marilda Aparecida Behrens (PUCPR)
Ana El Achkar (UNIVERSO/RJ)
Conrado Moreira Mendes (PUC-MG)
Eliete Correia dos Santos (UEPB)
Fabiano Santos (UERJ/IESP)
Francinete Fernandes de Sousa (UEPB)
Francisco Carlos Duarte (PUCPR)
Francisco de Assis (Fiam-Faam, SP, Brasil)
Juliana Reichert Assunção Tonelli (UEL)
Maria Aparecida Barbosa (USP)
Maria Helena Zamora (PUC-Rio)
Maria Margarida de Andrade (Umack)
Roque Ismael da Costa Güllich (UFFS)
Toni Reis (UFPR)
Valdomiro de Oliveira (UFPR)
Valério Brusamolin (IFPR)

SUPERVISOR DA PRODUÇÃO Renata Cristina Lopes Miccelli

ASSESSORIA EDITORIAL Renata Miccelli

REVISÃO Josiana Araújo Akamine

PRODUÇÃO EDITORIAL William Rodrigues

DIAGRAMAÇÃO Bruno Ferreira Nascimento

CAPA Sheila Alves

REVISÃO DE PROVA William Rodrigues

Esta obra é dedicada a todas as pessoas que teimam em lutar por seus sonhos, deixando viva e livre a criança que existe dentro de si e especialmente à minha criança.

AGRADECIMENTOS

Agradeço, primeiramente, a Deus por todas as coisas. Pelo que sou, pelo que vou me tornando a cada dia e por tudo o que eu tenho.

Agradeço aos meus alunos, que sempre que podem compartilham dos seus sonhos e planos comigo.

Agradeço aos meus colegas professores, sempre sonhadores mesmo quando as situações adversas aparecem pelo caminho. Em especial ao meu querido amigo, professor Jorge Galarce.

À Eliana de Almeida Barbosa Gonçalves que sempre esteve e está ao meu lado incentivando e colaborando para que eu esteja motivada em busca de mudanças em minha vida.

Agradeço ao meu filho amado, Bernardo André Santos Scremin, que sempre acredita em mim, muitas vezes mais do que eu mesma.

Agradeço aos amigos e amigas, pessoas queridas que de alguma forma me acompanham e me ofertam seus conselhos, tempo e alegria, tornando muito mais interessante o caminhar, especialmente ao escritor Élder da Silva Raimundo.

Tenha até pesadelos, se necessário for. Mas sonhe.

(Patrícia Galvão)

PREFÁCIO

Ao longo do tempo, vemos os sonhos sendo escondidos, mascarados ou arquivados na memória de muitas pessoas, muitas vezes sem que elas percebam o que está acontecendo. Algumas sentem-se vencidas e permitem que fatores externos bloqueiem sonhos e planos de vida, estabelecendo uma conduta padronizada de acordo com o que esperam que ela desenvolva.

De um lado, um mundo repleto de sonhos, motivações, criatividade, desafios e ações, e, do outro, um outro mundo de bloqueios, acomodação, medos, procrastinação e preconceitos. Dessa forma, cada um desses lados defende sua posição como sendo a mais viável e coerente, o que só aumenta as dificuldades em tomar decisões vindas de dentro de cada indivíduo. É como se houvesse uma permissão para que as vozes das intercorrências e demais pessoas falassem mais alto que a voz interior do próprio "eu".

Refletindo sobre a obra *Um sonho ou uma vida? — Conselhos para um possível regate de sonhos e planos de vida,* da autora Sueli Santos Scremin, percebemos algumas razões para acordar sonhos adormecidos e buscar por uma vida com mais entusiasmo e alegria.

Trata-se de uma leitura inspiradora e motivadora. Basta que a obra seja lida sem preconceitos e julgamentos estabelecidos socialmente. Boa leitura!

Eliana de Almeida Barbosa Gonçalves
Professora (PMC)

SUMÁRIO

1.
O motivo que impulsiona uma busca 15

2.
A criança e sua rotina escolar 29

3.
Os pais em uma rotina possível no século XXI 37

4.
As escolhas de algumas mulheres que chamaremos por "Martas" 45

5.
Algumas reflexões a respeito das adversidades que modificam o percurso
que traçamos em nossa rotina de vida 57

6.
Reflexões a respeito dos passos apressados que geram maiores
dificuldades em nossas buscas por sonhos e/ou planos 79

7.
Algumas decisões que nos levam a conquistar nossos sonhos e/ou planos. . 105

8.
Decida por você! 115

9.
Acalmar a mente pode ser uma grande estratégia para escapar da
ansiedade que suga sua essência 121

10.
Perdoar requer um esforço inicial que demanda o reconhecimento de que
todos, sem exceção, erram 133

Referências. 139

1.

O MOTIVO QUE IMPULSIONA UMA BUSCA

Era uma noite muito diferente do dia 4 de outubro de 2021, e muitas coisas incomuns estavam acontecendo. Havia um silêncio ao meu redor, as mensagens no WhatsApp e o Instagram estavam totalmente silenciadas por uma razão que para mim era desconhecida. Observei minhas atividades costumeiras daquele dia e percebi quanto tempo eu teria para aproveitar e refletir sobre algo que há muito tempo estava adormecido em meu coração. Muitas vezes permitimos que as ocupações de uma rotina corrida nos prive de viver nossos sonhos e isso não é o ideal, pois são nossos sonhos que nos motivam a viver com alegria e a encarar a vida de maneira mais iluminada.

Sabe aquele desejo de criança? Aquela voz gritando em seu coração para correr rapidamente em direção ao gol e tornar-se um grande jogador de futebol aplaudido por uma multidão? Sabe aquele sorriso sincero que brotava em seu rosto quando sua mente confiava que você iria se esconder em um lugar fantástico na brincadeira de "esconde-esconde" e ninguém conseguiria lhe encontrar? Sabe aqueles passinhos de dança que seus pés faziam ao som de uma melodia qualquer transformando-o no mestre das danças? São esses os momentos que levam seu coração a acreditar que tudo é possível e a perceber que realmente é, basta você sonhar! Sonhar e agir para a concretização dos fatos, pois, sem as ações, os sonhos não se concretizam.

Com os pensamentos em sintonia com o que você e eu poderíamos fazer a partir do despertar das nossas mentes para os nossos sonhos da infância, iniciei este livro, em uma tarde em que o meu coração encheu-se de possibilidades que pareciam retomar o que realmente é essencial ao ser humano, e com uma tomada de atitude onde o desejo de sonhar foi mais forte do que o de procrastinar.

Diante das escolhas que temos que fazer quase que a todo momento, escolhi e escolho seguir, sonhar e viver descobrindo que meus erros são apontamentos de aprimoramento na jornada da vida e meus acertos são metas alcançadas e que precisam ser desafiadas para que uma evolução constante e crescente seja vista, primeiramente, por mim, e, depois, por quem assim desejar. Quando eu digo, por mim, considero a significância de todos os fatores e pessoas envolvidas no processo, principalmente a importância da companhia do meu pai amado, meu criador, que esteve e está comigo em cada instante de vida que sopra por minhas narinas.

Dessa forma, percebo que há muitas razões para prosseguir com ações que nos levem às mudanças, sejam elas de pensamentos, atitudes, materiais, pessoais e emocionais, e essas mudanças dependem muito das ações que tomamos mediante algo que nos é motivo de questionamentos, pois somos nós os principais responsáveis por tudo o que acontece em nossas próprias vidas. Escolhendo mudar algo que nos incomoda ou acabamos por mudar toda uma situação ou um evento.

Por mais que haja razões para que uma pessoa se mantenha envolvida em um emaranhado de atividades rotineiras que proporcionem segurança e estabilidade, essa postura, provavelmente, não a fará lutar por uma vida extraordinária que aponte um desenvolvimento completo e complexo em todas as dimensões de seu ser. Quando buscamos por novos desafios e constantes mudanças, melhoramos nossa percepção de mundo, o significado de viver é reinventado de maneira significativa e a felicidade passa a ser percebida durante todo o nosso percurso. Nossos erros podem ser considerados partes essenciais de uma evolução que necessita de fragmentos a serem aprimorados, moldados ou modificados para se atingir um alvo, um objetivo, seja ele relacionado ao universo pessoal e/ou material. Na verdade,

UM SONHO OU UMA VIDA?

esses dois mundos deveriam ser bem-vistos juntos, pois uma vida de sucesso pessoal geralmente é recheada pelos benefícios da prosperidade material. A vida pode ter abundância em todos os segmentos, pois todos os segmentos complementam a nossa história de ser humano envolto aos diversos contextos que lhe são presentes, sejam eles o familiar, o individual, o cultural, social, material, emocional, entre outros.

Se paramos para analisar o ser humano desde o seu nascimento e concentramos nosso olhar para a fase da infância, pensando em uma criança e em suas diversas histórias de aprendizagem, percebemos momentos marcantes em sua vida, que possivelmente ficarão registrados na memória para sempre com um sentimento agradável de superação e realização. Dentre essas histórias, está o aprender a usar o balanço sem a participação dos pais, a andar de bicicleta, a amarrar o cadarço, a empinar uma pipa e a correr rapidamente. Essas aprendizagens ganham significado que ficam registrados na mente do indivíduo em meio a sensações de alegria e satisfação que o impulsionam a acreditar que tudo é possível e que a vida é um palco com inúmeras possibilidades e diversões. E essa é realmente a realidade: a vida pode ser entendida como um grande cenário em que cada um pode agir para mudar todas as condições de vida de seu personagem. Sendo o indivíduo verdadeiramente responsável por tudo o que compõe sua existência, deixando o papel de "vítima" para trás e assumindo o protagonismo de sua história.

Johnson (2011), em sua obra *Quem mexeu no meu queijo?*, apresenta um pensamento muito interessante para momentos em que nos apegamos a uma mesma situação estável de vida e demoramos para agir em prol de uma mudança: "Quanto mais importante seu queijo é para você menos você deseja abrir mão dele". Nessa história, haviam alguns ratinhos acostumados em encontrar o queijo sempre no mesmo lugar para suprir suas necessidades, mas em um determinado momento esse queijo não estava mais a disposição deles. Um dos ratinhos já havia decidido enfrentar os desafios de mudanças de vida e buscou por novos planos de ação que garantissem sua sobrevivência, enquanto o outro, por medo e comodismo, permanece no mesmo lugar fazendo as mesmas coisas e sente-se perdido e deprimido quando não consegue mais encontrar o queijo.

Quando não lutamos por novos desafios e ficamos estagnados na mesma situação, corremos sérios riscos de perdas e de atrair situações adversas como tristeza e depressão. Então, é importante deixar nossos medos para trás e aceitar novos desafios de vida que nos fortaleçam e alegrem nossos corações.

Exemplo 1:
História de uma criança de 4 anos de idade ao ver o galo cantar.

Bernardo, um garoto de 4 anos, estava muito feliz em meio ao sítio de alguns familiares. Ele saíra de uma cidade grande ao encontro da paisagem campestre no interior de São Paulo, e, ao perceber a presença de galos e galinhas, pediu a seus pais para permanecer acordado e acompanhar o canto do galo pela primeira vez em sua vida.

Ele havia escutado muitas histórias sobre esse acontecimento, porém nunca presenciado, e dessa vez foi diferente, pois com o apoio de todos os parentes, ele permaneceu a noite toda desperto, com os olhos brilhando de felicidade na expectativa de ver o animal apresentar seu canto. Esse evento detalhadamente aconteceu às 4h33 de uma manhã composta por um cenário incrível com inúmeras estrelas em meio ao céu mais escuro que ele já vira em toda a sua vida.

O acontecimento ficou registrado em sua memória com um agradável sentimento de conquista, descoberta e gratidão. Parece algo simples, não é mesmo? Mas o simples da vida é que compõe o cenário que dá sentido, significado e felicidade a todo aquele que vê no que é considerado muitas vezes pequeno algo grandioso.

Exemplo 2:
História de uma menina que colhia folhas verdes com sua mãe.

X, uma criança de mais ou menos 4 anos, estava muito ansiosa por cumprir tarefas que apenas a sua mãe realizava. Entre as tarefas, havia uma muito interessante que X sonhava em aprender a fazer: colher folhas verdes no campo onde morava. Certo dia, sua mãe anunciou que levaria X sempre que possível ao campo para acompanhá-la caso ela aprendesse a tarefa, e X, rapidamente, encheu-se de expectativa e desejo de executar a tarefa que parecia tão importante para a família.

Entusiasmada, X não só aprendeu a tarefa como passou a acompanhar sua mãe todos os dias para colher as folhas verdes no campo da propriedade da família.

O sonho de fazer parte dessa atividade foi conquistado, e hoje, mãe e filha, lembram com carinho dos momentos felizes de partilha, boas conversas, trabalho e amor que viveram no passado, provando uma para a outra que as boas relações são construídas diariamente na partilha de pequenas tarefas que unem confiança, amor e aprendizagem.

Sonhos podem parecer simples para algumas pessoas, loucos ou até impossíveis para outras, mas para o sonhador, sonhos são metas, objetivos que precisam ser alcançados para um crescimento pessoal individual. Transformar sonhos em metas e metas em realidade colaboram para a construção de uma vida significativa e de sucesso.

Uma criança que conquista seu sonho provavelmente acreditará em muitas possibilidades para sua vida e terá um melhor desenvolvimento que uma outra criança que é atacada por palavras ou circunstâncias que travem suas atitudes e seus planos de vida, pois a nossa mente, naturalmente, apresenta uma série de pensamentos e ideias que nos direcionam para mudanças, aprendizagens e sucessos, mas, dependendo dos incentivos externos recebidos, a jornada em busca de uma mudança favorece ou não o bom desenvolvimento das metas almejadas.

Exemplo 3:
História de uma menina que queria ir para a universidade.

Y, uma adolescente de 14 anos, sonhava em ingressar na universidade mesmo em um cenário nada favorável. Em sua família, as dificuldades financeiras eram claras o bastante para que seus pais e irmãos desacreditassem totalmente em Y. E, para ajudar, ela não era uma adolescente que apresentava notas altas na escola. Para sua família, era uma moça que precisava trabalhar e procurar um namorado para seguir sua vida. Y não conseguia desistir da ideia de concluir seus estudos e, mesmo seguindo parte das orientações de sua família, encontrou o emprego e usou parte dos recursos para pagar por um cursinho pré-vestibular que a ajudasse a conquistar seu sonho. Y não sabia muito bem o que fazer, mas sabia que queria estar na universidade. Mesmo com total reprovação de sua família pelo fato de usar recursos tão importantes para uma melhor manutenção das despesas familiares em um curso preparatório, Y seguiu sua jornada e realizou seu sonho.

Surgiram outros obstáculos como um namoro e gravidez durante a graduação. Mas, mesmo em meio a tantos acontecimentos, Y formou-se no curso de Letras de uma boa universidade em sua cidade. A emoção do dia de sua formatura foi marcante para o resto de sua vida. Um momento único e inesquecível de um sonho realizado mesmo em circunstâncias tão adversas.

Com esse exemplo, vemos que os sonhos estão presentes não somente no universo infantil, mas também no mundo dos adolescentes, jovens e adultos.

Indiferente às circunstâncias ou à idade, sempre é o momento ideal para uma mudança de vida, a execução de um plano, a construção de algo novo que encha o coração de satisfação e alegria e nunca é tarde para novas vivências, temos o tempo inteiro de nossas vidas para materializar o que queremos.

Exemplo 4:
História de um menino que amava as aventuras na casa da avó.

Kauan sempre foi deixado aos cuidados de sua avó desde bebê, pois a rotina de seus pais para manter a família era de muito trabalho e, além disso, as atividades de cuidados e atenção para com um novo membro na família deixavam sua mãe muito nervosa e impaciente em meio a tantas responsabilidades. Kauan passou a ver a casa da avó como o melhor e mais seguro local que ele poderia estar.

A casa da vovó era um local de encontro para os amigos e primos de Kauan. Lá, todos passavam férias, natais, feriados e finais de semana. Até hoje, a vovó continua na mesma casa e o costume dos netos ficarem com a vovó durante todo o período de férias continua acontecendo. Atualmente, a maioria na adolescência, guardam boas recordações dos primeiros anos de vida e não se aborrecem por saber que estarão longe dos pais por uns 30 dias em janeiro, pelo contrário, amam a ideia de receber o carinho de um casal de idosos (seus avós) em forma de refeições, conversas despretensiosas, conselhos e cuidados.

Quando Kauan, conversando sobre sua própria vida, silencia-se para pensar sobre um sonho ou objetivo de vida, lembra que sentia uma vontade incomum de ser reconhecido como uma criança legal e divertida e que ficou imensamente feliz ao receber um apelido de seus primos e amigos durante uma das férias na casa da vovó. Esse apelido é gentil e enche o coração dele de alegria e sensação de reconhecimento e identidade.

Ao ser questionado sobre o melhor momento de sua infância, ele nem apresenta dúvidas a respeito de sua resposta, e afirma, sem delongas, que foi o dia em que se enxergou como uma criança muito amada e querida por seus amigos e familiares, e isso ocorreu em um local muito especial para ele: a casa da vovó.

Exemplo 5:

História de uma mulher, hoje com 36 anos.

F, sentiu-se intrigada ao pensar em algo de sua infância que tenha representado um grande momento em que um sonho se tornou realidade ou o sucesso fora alcançado por ela de alguma forma.

Ela pensou sobre o que comentar por alguns instantes e, por fim, concluiu que um grande momento, de impacto positivo para sua vida na infância, foi quando conquistou um prêmio na escola em sua terceira série, aos 8 anos de idade. Sua professora propôs uma lição escolar e prometeu algumas balas para o aluno que concluísse com êxito essa tarefa. F ficou muito interessada no prêmio, dessa forma, realizou a tarefa da melhor forma que poderia e foi aplaudida por seus colegas de classe ao acertar toda a lição.

F conta que sempre foi uma estudante dedicada e feliz na escola. Para ela, a escola era um ambiente que proporcionava novos conhecimentos e desafios, e motivar crianças com um prêmio simbólico é uma maneira de despertar o aluno para buscar formas de vencer seus medos e ir em direção ao aprendizado. F apoia essa ideia e aconselha os professores a manterem seus alunos motivados em busca de algo a mais.

Exemplo 6:

História de uma mulher, hoje com 42 anos.

Eliana sempre procurou pensar de uma maneira única e equilibrada e não considera sonhos sem a perspectiva de analisar as possibilidades de tornar a vida prática melhor com suas escolhas de vida. Quando tinha 10 anos, aprendeu a andar de bicicleta com o apoio de sua irmã mais velha. Sua mãe era muito cuidadosa com a manutenção da família e da casa e contava com o auxílio das filhas para que tudo funcionasse de maneira eficiente na rotina familiar. Dessa forma, as filhas mais velhas cuidavam das mais jovens com as orientações e supervisão da mãe.

UM SONHO OU UMA VIDA?

O pai de Eliana saia todos os dias para o trabalho e garantia os recursos financeiros necessários para as necessidades de todos. Quando Eliana para com a intenção de analisar sua família, percebe que havia muitas lutas, amor e cooperação entre eles e que falar em planos de sucesso na infância, adolescência ou fase adulta é algo incomum, pois sempre pensou e avaliou todas as ações ciente de que haveria consequências futuras.

Assim, procurou estudar pensando em ter um trabalho no futuro.

No ensino médio, ainda em seu primeiro ano, decidiu-se pelo curso técnico em Informática Industrial, o que contribuiu significativamente para seus conhecimentos na área até hoje.

Após a conclusão desse curso, optou pela universidade, e mesmo com poucas condições não desistiu e contou com o apoio de seu pai durante o primeiro semestre da faculdade.

A manutenção desse semestre foi integralmente paga por seu pai com a promessa de que ela seguiria, sozinha, com esse compromisso financeiro do segundo semestre em diante.

No segundo semestre estava trabalhando e cumprindo com a mensalidade do seu curso mesmo sentindo algumas dificuldades em manter a matrícula de todas as disciplinas. Ela seguiu seu objetivo, pois o alvo era a vida profissional a ser conquistada.

Novamente, ao ser questionada sobre sonhos, ela responde com segurança que não traduz com essa palavra, ela prefere usar o termo objetivo ou vontade de conquistar algo com uma finalidade final.

Entre essas "vontades", uma destacava-se das demais: a de obter carteira de habilitação. Na região em que morava, era incomum uma mulher fazer a carteira de habilitação ou desejar a compra do carro próprio, mas ela decidiu-se a aprender a dirigir, pois sabia que essa ação seria necessária para uma vida mais independente.

Quando recorda suas metas e lutas para conquistar o que determinava e determina até hoje, sempre lembra da família, seus pais, avós e irmãs constantemente presentes ao seu lado.

O amor sempre foi marcante em suas conquistas, as conversas com seus avós traduziam um amor simples e sábio, pois passavam muito tempo juntos trocando assuntos da vida cotidiana que fortaleciam ainda mais a relação. Sua avó sempre costurando, recebia a neta com muito carinho e atenção e seu avô, mesmo depois de viúvo, manteve esses momentos de partilha com a neta tão amada.

Eliana percebe que sempre é possível aprender com as pessoas que ensinam com amor e as pessoas da família sempre ensinam muito, principalmente os mais velhos.

Pode-se perceber que ela sempre teve e tem suas buscas, seus "sonhos", mas com muita responsabilidade e comprometimento.

Pequenas reflexões após alguns exemplos

Poderíamos comentar milhares e milhares de exemplos aqui nestas páginas, mas a partir de alguns poucos já é possível a observação de que sonhos nos motivam a conquistas que proporcionam uma satisfação pessoal que vai nos motivando a viver com maior alegria e cientes de que a segurança que os resultados proporcionam apontam que os acontecimentos a nossa volta são consequências daquilo que buscamos. Se, por vezes, acreditamos que enfrentaremos dificuldades ou impedimentos em realizar algo, basta manter o foco e as ações em nossos objetivos sem nos manter presos a crenças de que há impedimentos ou impossibilidades que logo percebemos que a conquista é possível.

Na obra *Alice no País das Maravilhas*, temos um considerável exemplo de momento em que necessitamos agir em busca de nossos objetivos, abandonando incertezas e medos na parte em que Alice encontra portas trancadas por todos os lados e decide percorrer por todas elas na tentativa de abri-las. Vemos

UM SONHO OU UMA VIDA?

em uma garotinha a coragem para enfrentar as situações adversas em busca de algo novo, deixando-se dominar pela necessidade, curiosidade e motivação. Ela tenta abrir algumas portas sem sucesso e volta tristemente para o centro do quarto, imaginando a maneira de que conseguiria sair dali e, de repente, percebe uma minúscula chave sobre uma pequena mesa e aquela chave abre uma pequena porta que havia atrás de uma cortina e a chave encaixa-se perfeitamente, permitindo que Alice deixe aquele aposento escuro em que se encontrava.

Com a narrativa de Lewis Carroll, percebemos o quanto é importante observar as situações com os olhos de uma criança, imaginando sempre o melhor cenário, mesmo diante de dificuldades e desafios.

Quando éramos um bebê e não podíamos caminhar, contávamos com elementos motivacionais externos e internos. Nossos pais, familiares e amigos acreditavam em nossa capacidade de aprender tal habilidade, e nós também fazíamos o mesmo. Assim, seguíamos apoiados por mãos acolhedoras e pouco a pouco, após muitas quedas e alguns arranhões, lá estávamos nós, caminhando com segurança e estabilidade com um grande sorriso no rosto e muita alegria no coração. Após caminhar em pequenos passos, por trajetos curtos que, a princípio, pareciam intermináveis, pouco tempo depois já estávamos correndo como verdadeiros atletas e acreditávamos que ninguém poderia nos impedir de chegar onde quer que determinássemos ir.

Assim deve ser encarada a jornada da vida, como uma aprendizagem constante, na qual jamais deixemos de acreditar que tudo nos é possível e que um coração alegre torna a caminhada ou corrida muito mais interessante e prazerosa.

Acreditar em sonhos ou objetivos na certeza de que tudo é possível para aquele que mantém o foco e estabelece uma trajetória de ações para a conquista é essencial para uma vida com significado e alegria. Saber que muitas vezes criamos fantasmas por pensamentos negativos que vão tornando-se obstáculos ou até mesmo um tipo de veneno para nossa saúde mental e emocional, é importante para criar maneiras de eliminar esse tipo de interferência que surge apenas para desconstruir e destruir nossos planos de vida que nos levam ao sucesso.

Na medida em que aprendemos a considerar mais os pensamentos que nos levam ao enfrentamento e ao combate de ideias que causam danos como sentimento de inferioridade, procrastinação, medos, entre outros, alimentamos nossa mente com uma filosofia de vida que assemelha-se a de uma criança e descobrimos que pensar que há uma criança dentro de cada um de nós não nos torna infantilizados ou imaturos, ao contrário, isso pode contagiar o nosso ser de maneira mais animada e feliz e as ideias de busca e conquistas são fortalecidas, eliminando a tendência à letargia e às crenças negativas que contribuem para uma baixa autoestima.

Considerando esses elementos introdutórios que apontam para um caminho em que acreditar em sonhos, em planos e na importância de manter a alegria e o entusiasmo de uma criança dentro de nós independentemente da fase em que estamos vivendo: infância, adolescência, fase adulta ou velhice (no sentido de maior idade, como geralmente denominamos 3ª idade), pensamos em apresentar algumas ideias de condutas que poderão contribuir para um momento de ressignificação para a vida em um momento pós-pandemia em que muitas perdas interferiram em nossas emoções e muito se falou a respeito de como lidar com situações de dificuldades extremas, mas é importante também que cada um de nós busque por um caminho que incentive o reconstruir, o reinventar ou o continuar o trajeto da própria história de maneira motivada e otimista, levantar nossos olhos para tudo aquilo que ainda podemos fazer e viver considerando as lágrimas caídas, sim, mas dando muito mais importância pelas vivências de aprendizagem e felicidade que tivemos. Uma das formas que podemos refletir a respeito dessa conduta pode ser exemplificada a partir da análise de comportamento que temos diante da morte de alguém muito amado. Podemos refletir considerando os pensamentos que guardamos do relacionamento com essa pessoa, valorizando os momentos felizes de partilha, as risadas, as conversas e os carinhos trocados quando estivemos juntos a ela ou podemos nos apoiar na dor da perda e da morte. O caminho menos dolorido é a dor da perda recheada de boas lembranças na companhia dessa pessoa. Quando focamos mais a perda, corremos o risco de esquecermos a felicidade que aquela vida nos proporcionou. E o que você considera mais viável: a supervalorização da perda ou das alegrias proporcionadas pela convivência com aquela pessoa?

2.

A CRIANÇA E SUA ROTINA ESCOLAR

Era para ser um dia especial, dia marcado pelo retorno às aulas e encontro com amigos e professores, dia de expectativa para conhecer pessoas novas, localizar a sala de aula, usar os materiais escolares novos e esperar pelas aulas tão amadas de Educação Física, mas havia um sentimento diferente no coração de Sarah, um forte medo que tornava tudo estranho naquele dia. Será que ela conseguiria lidar com tantas imagens em seus pensamentos que causavam dor e sofrimento? Como seria esse dia? Será que ela poderia conversar com seus professores e esclarecer suas dúvidas quando necessitasse? E se surgisse aquela vontade grande de tossir ou espirrar? Será que a deixariam ficar na escola? E em casa como estariam todos? Seus pais desempregados e os conflitos sem ela por perto seriam resolvidos ou se estenderiam por muito mais tempo? Quem cantaria para alegrar o irmão menor?

Será que Sarah é unicamente uma personagem apresentada em uma obra fictícia? Ou assim como esta mencionada na obra é possível encontrar muitas outras com semelhantes preocupações?

Olhar para as expectativas de Sarah nos faz pensar que ela tem algumas opções, algumas escolhas a fazer para não se deixar envolver por uma grande ansiedade que atrapalhe os acontecimentos desse dia. Entre as opções que ela possa ter, mencionaremos apenas duas: Sarah pode deixar-se envolver por todos esses pensamentos, afundar-se neles, sentir-se triste e ansiosa e tornar o dia totalmente envolvido por sentimentos que minem sua alegria pela volta às aulas ou escolher abandonar todas aquelas preocupações e esperar pelo que realmente irá acontecer de coração livre e envolvido por sentimentos de alegria e esperança.

Escolhendo a primeira opção:

Ao escolher pelo comportamento ansioso e desfocado das coisas boas que poderiam ocorrer e mantendo a atenção no desespero pelas inseguranças e medos, ela acaba não enxergando um belo cartaz de boas-vindas que fora colocado no hall de entrada que dava para os corredores das salas de aula. Ela não corresponde o sorriso e o bom dia recebido de todos os funcionários que recepcionavam os alunos e, também, nem percebe a decoração da escola para uma acolhida carinhosa especialmente preparada para o momento de retorno dos alunos.

Escolhendo a segunda opção:

Escolhendo abandonar as preocupações e esperar pelo que realmente irá acontecer de coração livre e envolvido por sentimentos de alegria e esperança, Sarah observa o cartaz de boas-vindas e deixa-se envolver pela mensagem positiva que se refere a ela e aos demais estudantes como personagens principais de uma história importante, tornando aquele momento especial e divertido. Ao ler o cartaz, percebe uma das funcionárias perguntando se ela já sabe onde fica sua sala e ao responder que não sabia, é imediatamente acompanhada por essa pessoa que diz seu nome e mostra exatamente onde fica a sala de aula em que a garota passará aquela manhã. Sarah chega na sala de aula e retribui sorrisos, escolhe um lugar para sentar-se e animadamente participa de uma conversa informal com a professora e as demais crianças que ali estavam.

A escolha da segunda opção, faz com que os pensamentos de Sarah estejam conectados ao presente, ao momento, e as possibilidades de concentração e aprendizado serão de melhor qualidade.

Certamente não é tão simples na prática, mas são escolhas possíveis. Concentrar-se mais no momento e deixar de lado as ansiedades e angústias é algo que pode ajudar a ter um dia

UM SONHO OU UMA VIDA?

mais tranquilo e feliz. Lembrando que as memórias de alegria tornam sonhos e planos possíveis, além de colaborar para uma boa aprendizagem na escola.

Preservar as memórias que causam satisfação e felicidade não é tão fácil como gostaríamos, pois as memórias dos infortúnios são mais impactantes e preservadas em nós, talvez nosso cérebro faça isso com o intuito de lembrar para nos proteger, mas acabamos revivendo muito mais memórias de tribulações do que as de grande contentamento. Porventura, assim como aprendemos a valorizar grandemente os desastres vividos, podemos aprender a fazer o contrário e treinar nossa mente para as boas lembranças.

Estamos sempre fazendo escolhas e cada escolha tem uma consequência. É como se cada escolha nos levasse para um caminho, mas como, muitas vezes, temos medo do processo de escolha, acabamos nos deixando envolver por sentimentos de medo que paralisam nossas ações. Nem sempre nossas escolhas nos conduzem a uma vida melhor, pois elas são nutridas por atitudes ou ações que complementam e enriquecem nossas decisões a ponto de conduzirmos tarefas que exigem um certo esforço e disciplina de conduta para uma transformação da realidade. Por exemplo, imagine-se no lugar da estudante mencionada, as duas opções de escolha citadas exigem desafios de condutas diferentes e em meio a um retorno de aulas pós-pandemia, o caminho mais "fácil" seria deixar-se permanecer com o medo e pensamentos negativos para poupar um gasto de novas energias que vão contra um modelo de conduta estabelecido durante um determinado período. Isso não representa descuido com relação ao protocolo de saúde sabiamente estabelecido. Logicamente, podemos fazer nossas escolhas seguindo todo o protocolo de distanciamento desse momento pandêmico mundial de 2020: máscaras, álcool gel etc. O que é interessante compreender aqui é que vale a pena conservar os sonhos, a esperança e os objetivos de desenvolver bem o seu papel com emoções como alegria, prazer e satisfação. As crianças refletem muito aquilo que absorvem a sua volta e é importante que elas consigam compreender que podem ser agentes participativos de uma observação e atuação em seu próprio desenvolvimento de conduta, pois se as observamos por um período, fica fácil perceber que há, na fase da infância e adolescência, uma condição muito maior que nas demais fases para se reinventar e construir novas aprendizagens e novos caminhos.

Vale a pena incentivar nossas crianças a acreditar que é possível aprender, é possível inventar novos objetos, brincadeiras, cenários, entre outras atividades no mundo interior e exterior. Muitos dos planos de ação construídos ou materializados na nossa realidade, tiveram origem na nossa mente e ganharam formas unindo pensamentos e emoções de expectativas para sua realização.

Saindo um pouco da esfera da fase infantil e partindo para as demais fases da vida, temos a certeza de que, mesmo quando estamos na "melhor idade", ter objetivos, planos e sonhos, trazem mais alegria para nossa vida e uma vida cercada por sentimentos de prazer e satisfação dão mais significado para nossa existência nesse mundo. Dessa forma, é importante deixar fluir atividades que proporcionem algum resultado.

Imaginemos uma senhora de 68 anos que durante toda sua vida profissional trabalhou com costuras para suprir suas necessidades básicas, seu sustento e sua estabilidade financeira. Essa senhora encontra-se em um novo momento de sua vida, momento esse em que vai receber seu primeiro neto e deseja fazer para ele todo o enxoval, uma vez que está aposentada nessa fase da vida e dispõe de mais tempo. Seu coração, certamente, estará coberto de ternura e emoção. E a certeza de desenvolver essa tarefa e de ter o apoio e credibilidade da família torna esse "plano de ação" razão de satisfação pessoal, sonho ou objetivo a ser cumprido por ela. Sendo visto como momento único de muitas possibilidades, mesmo adulta tem um sonho a concluir e o fato de já estar aposentada aumenta ainda mais a disponibilidade para a concretização das tarefas que escolheu para esse

UM SONHO OU UMA VIDA?

momento. Dessa forma, não há limites de idade para realizar um sonho, um plano ou objetivo.

Ainda pensando em pessoas que tiveram uma liberdade, confiança e credibilidade para o desenvolvimento de uma tarefa, que chamaremos aqui de "plano de ação", lembraremos aqui nesta obra de um vovô, chamado "Amadeo" que teve seu último netinho aos 79 anos e ficou na maior expectativa de sua vida a espera por aquele bebê. Quando a criança veio ao mundo, Amadeo desejou fazer todo o possível para que aquele pequeno ser ficasse bem e fosse muito feliz e contou com o apoio dos pais da criança que incentivavam a convivência do filho com os avós.

Ele teve mais energia do que outrora, antes da vinda do bebê e conseguiu jogar futebol com seu neto, levá-lo ao mercado e comprar-lhe doces e pipocas, ensiná-lo a amarrar o cadarço dos sapatos depois das inúmeras tentativas frustradas de sua mãe e partilhar de centenas de atividades que seus familiares e vizinhos jamais imaginavam poder acontecer. Esse vovô teve dez anos ao lado do neto, podendo realizar inúmeras aventuras a seu lado, inseparáveis até o momento em que ele partiu desse mundo, aos 89 anos de idade. Essa partida nos faz compreender que não há momento para realizar sonhos e que esses sonhos podem ser bem diferentes dependendo da idade que temos. O sonho desse vovô era de contar com o vigor e saúde que lhe restava para viver novamente as brincadeiras da infância com seu último neto e ele se esforçou ao máximo para realizar esse sonho. Não importa se foi um dia, um ano, dez anos ou mais de momentos sonhados, importa mais poder contar com as alegrias proporcionadas por cada vitória. Ao despedir-se desse mundo, certamente Amadeo sentia-se realizado, pois contava com uma família numerosa, amorosa e prestativa.

Com essa história, compreendemos que não há idade para aprender a viver com as possibilidades que aquele momento nos apresenta. Em um determinado momento, planejamos um trabalho novo, um aumento de salário, um cargo novo, um ganho extra, melhores condições financeiras em um plano de tarefas profissionais que fazemos o possível para seguir e atingir e, em um outro momento da vida, buscamos por sonhos bem diferentes desses, como o de passar um tempo vivendo na companhia das pessoas amadas, como um neto, filhos, marido, esposa, amigos, priorizando as relações interpessoais, pois a fase da busca pela prosperidade material já foi concluída e a estabilidade econômica conquistada, podendo, então, usufruir dos recursos anteriormente conquistados e buscar por planos de ações que propiciem bons momentos na companhia das pessoas amadas.

A busca é uma constância em nossas vidas. Há quem diga que ela é uma tarefa cansativa e deve ser trocada pela espera. Imaginamos que mesmo nos momentos em que você pensa em trabalhar seus pensamentos para pausar a busca você está, de certa forma, buscando por essa pausa. Assim, acreditamos que há uma busca que move nossas ações durante toda a existência e a consciência humana.

A busca de Suzan

Havia uma menina de 9 anos na antiga quarta série de uma escola na cidade de Curitiba, estado do Paraná. Essa criança, nascida em um outro estado, estava gostando muito das aprendizagens, dos amigos e das partilhas proporcionadas pelos professores e pela escola. Sua classe era cheia de alunos, mas os professores apresentavam um trabalho de muita dedicação para atender a todos de acordo com a realidade de recursos ofertados pelo estabelecimento.

A menina chamava-se Suzan, e estava imensamente feliz por estar participando das atividades ofertadas pela instituição de ensino em que estava matriculada. Seus pais, com pouquíssimos estudos, sempre defendiam a importância da escola na vida das pessoas e ela via em sua educação uma possibilidade para crescimento e mudança de vida. Aprendia com prazer e alegria a

UM SONHO OU UMA VIDA?

maioria das matérias oferecidas em seu currículo escolar, mas a Matemática trouxe-lhe uma nota vermelha no primeiro bimestre.

Suzan ficou muito triste, pois sentia grandes dificuldades em aprender Matemática utilizando além dos números algumas letras como X e Z. Quando seus pais e irmãos souberam do baixo rendimento de Suzan, pensaram que ela fracassaria e que não era apta a seguir os estudos e até reuniram-se para debater a situação e optar por deixá-la em casa para ajudar a mãe com as tarefas domésticas pois, naquele período, a escola não exigia uma obrigatoriedade por parte da família e alunos. Mas, como era o primeiro bimestre, ao conversarem com a equipe escolar, decidiram-se pelos conselhos dos professores, pedagoga e diretor de pedir ajuda a uma excelente aluna da mesma turma na tentativa de levar a Matemática para Suzan com explicações oriundas de uma estudante da mesma turma e da mesma idade, e, isso funcionou muito bem. Ao aprender com a colega de turma, Suzan não precisou nem das recuperações finais, pois tirou 100 nos demais bimestres na disciplina de Matemática. Sua busca por aprender e o apoio do ensino em um modelo mais simples, vindo da outra estudante, fortaleceram sua aprendizagem e essa foi a única nota vermelha na vida de Suzan.

Na rotina escolar temos muitas mentes aprendendo novas situações, seja na Matemática, no Português, História, Geografia, Inglês, Educação Física, Ciências, Ensino Religioso, Artes etc. E cada indivíduo tem suas particularidades na hora de aprender. Tem aquele que aprende melhor mantendo a atenção no que está escutando, aquele que precisa escrever sobre o assunto, o que observa atentamente tudo que lhe é ensinado, e o que usa um pouco de cada uma dessas condutas anteriores.

Denominada de percepção sensorial — função cerebral que envolve os sentidos — tato, paladar, olfato, audição, visão, interpretamos o mundo e aprendemos por meio das sensações, assim como também desenvolvemos habilidades cognitivas e afetivas. Portanto, vale a pena acontecer um diálogo constante entre escola, alunos e família para criar planos de ações que favoreçam o bom desenvolvimento escolar dos estudantes.

Não somos bons em todas as aprendizagens e nem apreciamos todas as disciplinas aprendidas no contexto escolar, mas tornar acessível aos alunos todas as aprendizagens possíveis, presentes no currículo faz com que eles compreendam melhor o mundo e enxerguem significado no que estão estudando, considerando que utilizarão mais alguns conceitos aprendidos em detrimento de outros.

Pela história de Suzan, percebemos que a participação ativa dos estudantes é fundamental. Permitir que um aluno que tem facilidade em uma determinada disciplina explique a um outro com dificuldades de aprendizagem pode ser um bom caminho.

A rotina escolar, nutrida, de um lado, por professores que buscam ensinar da melhor maneira os conteúdos aos seus alunos e, do outro, por alunos que buscam aprender novos conhecimentos e ampliar algumas aprendizagens já adquiridas pode ser recheada de momentos alegres, divertidos, enriquecedores e de condutas responsáveis e reflexivas que favoreçam o bom desenvolvimento de todos que ali estão inseridos. Em uma sala de aula todos são professores e alunos, pois há uma partilha constante de conhecimentos e quando nos referimos ao processo de aprendizagem humana, lembramos que as diversas aprendizagens ocorrem durante todo o nosso período de vida.

3.

OS PAIS EM UMA ROTINA POSSÍVEL NO SÉCULO XXI

Hospital, ansiedade, alegria, nervosismo, batimentos cardíacos acelerados, orações, sonhos, náuseas e outras sensações e sentimentos inundavam três seres que pareciam mais um único ser. Três pessoas muito unidas estavam ali no quarto de um hospital. O bebê de nome Bernardo André já estava para nascer, mas as tentativas pelo parto normal foram frustradas pela informação médica de que teriam que fazer, urgentemente, uma cesariana.

Na noite do dia 18 de julho de 2001 nasceu um lindo menino com quase quatro quilos e uma excelente nota no Apgar deixando os pais e familiares muito felizes.

Os pais de Bernardo André, ambos inexperientes nos cuidados e rotina de um bebê, contaram com o apoio de médicos, familiares e amigos para ensinar muitas das atribuições de pais e, na prática, foram aprendendo tudo o que precisavam, pois a busca pelos papéis de "pai" e "mãe" que priorizassem o bem-estar do novo membro da família os motivava.

Muitas vezes, quando nasce uma criança, nasce, ali, um pai e uma mãe, e as aprendizagens são constantes durante o percurso da vida de pais. Há a necessidade de aprender sobre os cuidados que um bebê necessita, de acompanhar o desenvolvimento e o crescimento da criança, de ajudá-la a andar, a comer, a vestir-se, a ler, a escrever, a realizar as tarefas escolares, a estudar, a andar de bicicleta etc. Com todas essas novas tarefas, existe as atividades profissionais dos pais, as atividades domésticas, as horas de socialização com a família e amigos, os cuidados pessoais e, às vezes, um animal de estimação na família.

Quando percebemos as inúmeras atribuições dos pais em pleno século XXI, vem a sensação de que são muitas as tarefas e que elas são quase impossíveis de serem realizadas, mas não são. Temos muitos pais neste século conseguindo manter uma família e criar bem seus filhos. Mas não são tarefas fáceis, e muitas vezes há um desgaste emocional muito grande que precisa ser amparado com a ajuda das pessoas que fazem parte do círculo familiar.

É importante que alguém possa acompanhar a mãe nas consultas médicas com o bebê, pois isso facilitará o transporte da mala de objetos pessoais da criança e ajudará, também, com relação às trocas de fraldas e roupinhas. Ainda, é essencial que as tarefas de casa sejam partilhadas pelo casal se não tiverem uma ajuda profissional como apoio. É necessário que o pai ou alguém de confiança fique com a criança enquanto a mãe possa fazer seus cuidados pessoais como cortar e/ou pintar os cabelos, fazer as unhas, depilação, ir a uma consulta

médica, dentista, sair para uma conversa com as amigas. Também é importante que o pai tenha o apoio da mãe para que possa realizar tarefas essencialmente significativas para ele, como cortar os cabelos, jogar um futebol com os amigos e ir a uma reunião de trabalho ou beber algo com os amigos.

Quando há uma cooperação e um ambiente saudável para todos, fica muito mais fácil encontrar sucesso e realização no plano familiar. A concretização do sonho da manutenção da família depende das ações de cada membro dela e isso inclui todos os componentes da família envolvidos em um esquema colaborativo que facilite a harmonia familiar.

Exemplo de família cooperativa

Vamos chamar a mãe pelo nome de "R" nesta situação hipotética.

"R" tinha aguardado pelo momento de ser mãe desde que se casou, há mais de 10 anos. Ela tentou engravidar e buscou

UM SONHO OU UMA VIDA?

ajuda para essa conquista, até que, em um momento muito especial, teve a notícia da vitoriosa benção de tornar-se mãe de uma linda menina.

Com o nascimento da criança, vieram as rotinas de cuidados e atendimento a um recém-nascido e "R" teve a oportunidade de contar com o apoio de familiares e amigos para praticamente todas as tarefas. Sua família e amigos já acompanhavam a luta dela para ter um filho há algum tempo e prontamente ofereceram ajuda para o que fosse preciso. "R" decidiu-se pela escolha de permitir que todos colaborassem como podiam. Dessa forma, houve uma escala para passar as noites com mãe e filha, e isso foi muito importante para o novo formato de família. Pois os pais podiam dormir um pouco melhor cientes de que na casa sempre contariam com uma companhia segura para apoiá-los. A chegada da filha teve um sabor muito especial e a participação de um grupo de apoio facilitou a vida dos novos pais para que conseguissem equilíbrio emocional e mantivessem a harmonia no lar.

Sabemos que não deve ser fácil abrir esse espaço para as demais pessoas no nosso lar, mas para essa família foi a melhor decisão que eles poderiam ter tomado. Hoje, a pequena já não é mais um bebê e a convivência com as pessoas ao seu redor teve um efeito positivo em sua vida. Ela consegue sentir-se bem e segura em diversos ambientes e com grupos grandes de pessoas.

Como mencionado anteriormente, tudo o que fazemos são escolhas que surgem após análises mentais que realizamos e algumas delas, mesmo não sendo decisões fáceis, irão favorecer o nosso crescimento como pessoa e o bem-estar pessoal e familiar. Se "R" e seu esposo não tivessem feito essa escolha, possivelmente as consequências seriam bem diferentes. Muitas noites sozinhos tentando acalmar o bebê, as expectativas de que ela e o marido conseguissem executar todas as atribuições com excelência frustradas, relacionamento desgastado pelas noites sem dormir e cansaço físico e mental etc.

É importante que nossas escolhas interfiram de maneira que harmonizem as situações a nossa volta, pois uma vida feliz depende de atitudes que favoreçam o desenvolvimento dessa sensação de felicidade. Aceitar ajuda das pessoas que nos amam pode tornar a nossa rotina mais fácil e com menos estresse.

Exemplo de condutas entre pais e filhos

Era uma tarde de sábado, quando Maria foi encontrar seu filho de 16 anos no futebol. A partida já havia iniciado e ela ansiosamente planejou aquele momento, pois nos últimos anos não frequentava mais assiduamente os jogos de seu filho em função de priorizar as inúmeras tarefas do lar que ficavam para o sábado após uma semana cheia de trabalho e atendimento das demandas familiares necessárias. Tudo era detalhadamente organizado para que houvesse alimentos cozidos para a semana, saladas já higienizadas na geladeira, roupas limpas e passadas para os dias de trabalho e escola, frutas e guloseimas para entreter nos momentos de ócio ocupados por um filme ou brincadeira etc. Tudo organizado até a chegada do final de semana em que acontecia uma verdadeira faxina que, novamente, facilitaria a vida de todos na semana seguinte.

Maria chegou ao local em que seu filho estava e o viu jogar com uma grande satisfação. Notou que ele estava jogando ainda melhor e com mais técnicas e, talvez, isso pudesse ser consequência dos anos pagos para que ele treinasse em uma escolinha de futebol que existia próximo à sua casa.

Ao final do jogo, ela convidou o filho para um lanche e um momento de descontração e conversa, mas ele estava muito cansado e desejou ir para casa com o argumento de que poderiam fazer todas essas coisas em casa. Maria ficou um pouco decepcionada, mas percebeu que seria uma ótima opção também e, assim, os dois seguiram para o apartamento em que moravam. Durante o trajeto, ela refletiu a respeito do tempo. O tempo que ela precisava estar trabalhando para conseguir manter as contas

UM SONHO OU UMA VIDA?

da casa, o lazer da família, o futebol do filho, entre outras despesas corriqueiras. Pensou, também, a respeito do tempo no sentido de que com tantos afazeres diários perde-se um pouco da qualidade nos relacionamentos familiares. O trajeto até sua casa não fora como das outras vezes em que ela acompanhava seu filho no jogo de futebol e voltavam sorrindo, querendo um sorvete, comentando o passe errado de um outro garoto ou desejando animadamente um lanche gostoso após uma partida de futebol.

Ali, Maria percebeu o quanto as relações entre pais e filhos merecem atenção e cuidado e como os acontecimentos fluem rapidamente sem o tempo devido para desfrutar com calma dos pequenos instantes de grandiosidade e amor. Não que ela assim não insistisse em fazer, pois sempre tentou fazer o seu melhor para toda a família. Mas, concluiu que quando aquele menino pequeno, de sorriso largo e coração afetuoso mudou de fase trocando a infância para a adolescência, também mudaram suas exigências e necessidades.

Agora, seu filho desejava ficar em casa após o futebol para tomar um banho, descansar e comer algo que sua mãe pudesse preparar sem sair de casa. Nessa fase, para ele era interessante passar um longo tempo sozinho em suas próprias reflexões, em seu próprio mundo. Seus pais já não precisavam ficar tagarelando o tempo todo, pois o silêncio importava mais do que as conversas descontraídas, os risos e as discussões proporcionadas pela convivência intensa do seu grupo familiar.

Maria percebeu que precisaria adaptar-se a essa nova realidade senão sofreria muito com a falta da rotina da família com uma criança que, agora, transformava-se em um lindo rapaz.

Escolha saudável

Quando Maria escolhe adaptar-se às necessidades do filho, ela ganha um pouco mais de qualidade no relacionamento com ele. Ela sofre menos do que sofreria se ficasse exigindo dele um comportamento de criança na nova fase.

Os adolescentes preferem a convivência com outros da mesma idade e consigo mesmos, pois estão descobrindo a vida com um novo olhar. Importa, também nesse momento, que ambas as partes estejam dispostas a contribuir para uma harmonia no que diz respeito a convivência. Quando todos, em suas diversas fases, estão dispostos a lançar um olhar de respeito para com o outro a convivência passa a ser muito mais significativa e prazerosa.

Na verdade, todo ser humano parece necessitar da compreensão do outro para ter uma vida plena e feliz. Podemos observar que muitas discussões e insatisfações entre membros de uma família despertam pela falta de empatia entre as partes. Vemos a empatia, na maioria das vezes, apenas durante a fase em que somos bebês. Quando somos bebês, temos quem nos observe atentamente buscando conviver conosco pensando em nosso bem-estar e em nossa felicidade. Depois, quando crescemos e chegamos a fase da adolescência já não há mais tanta paciência ou tolerância com o que estamos vivendo. Na fase adulta, acabamos vivendo muito mais os nossos próprios interesses e nossa atenção está voltada para a construção da nossa estabilidade financeira e a manutenção da família e na velhice, percebemos que há o tempo necessário para dar atenção aos membros da família e amigos, contudo, a energia não é suficiente para acompanhar todas as ideias e pensamentos do que gostaríamos de fazer.

O que vale a pena refletir aqui é que todas as fases merecem uma atenção especial para o que ela comporta considerando todos os fatores possíveis para compreender o indivíduo em seu momento com as interações sociais com as quais está envolvido.

Indiferente da idade, a pessoa necessita dar uma atenção a si mesma e aos que a cercam. É importante conservar sentimentos como compreensão, respeito e amor, entendendo que todos nós passamos por situações muito semelhantes e que a conduta que tomamos está diretamente ligada ao nosso momento de vida.

UM SONHO OU UMA VIDA?

Então, para aqueles que conquistaram o cargo de pais, vale a pena guardar as armas e mostrar aos filhos que muitas vezes as atitudes tomadas com relação às ocorrências do cotidiano em família muitas vezes são certas, mas outras vezes não, porém, o desejo do coração de um pai é ser a melhor companhia para seus filhos. Nós pais e mães queremos estar ali o tempo todo para rir, chorar, vibrar de alegria, abraçar, brincar, ensinar, aprender, entre muitas outras tarefas. Queremos ser aceitos e aceitar nossos filhos considerando as particularidades de comportamento e sentimento de cada um, pois cada ser é de um jeito diferente do outro e guarda dentro de si pensamentos e desejos bastante individuais e intransferíveis.

Quando paramos e nos olhamos reconhecendo-nos como seres capazes de conviver como verdadeiros parceiros de vida sem julgamentos ou pressões trazemos para nós a sensação de paz, alegria e satisfação para com a realidade daquilo que somos e temos. No núcleo familiar, o cuidado de um para com o outro faz muita diferença na formação equilibrada e na construção do caráter agregando-lhe valores positivos em busca de uma família autossustentável onde pais cuidam e respeitam seus filhos em todas as fases com paciência e empatia e o mesmo ocorra por parte dos filhos com seus pais. Todos nós somos ao mesmo tempo muito diferentes e parecidos. Diferentes no que nos torna únicos e individuais e parecidos nas demandas emocionais e psicológicas. Carinho, atenção e aceitação são necessidades de todos e isso nos faz refletir que indiferente da personalidade construída ao longo do tempo, marcada por inúmeros fatores que contribuíram para um apresentar-se ao mundo com maior amabilidade que o outro, isso constitui apenas em uma das máscaras que vamos aprendendo a usar de acordo com as situações que passamos durante a vida, como uma forma de defesa e manutenção de nós mesmos. Porém, o amor, o cuidado, o respeito, a atenção, a aceitação, o carinho e outras manifestações de atenção de um para com o outro são necessidades de todos nós e contribuem para a felicidade e para a preservação do nosso bem-estar e dignidade. Pensemos juntos no que fazemos quando recebemos um novo bebê na família. Certamente que os cuidados, o carinho, os sorrisos e o amor dedicado a esse ser tão pequenino fazem toda a diferença na vida dele em todos os aspectos e, assim, somos todos nós, durante toda a vida aqui nesse planeta. Uma vida recheada de pessoas de nosso convívio constante, como familiares e amigos próximos que nos aceitam, valorizam e nos atendem com amor é muito importante para que possamos conservar esse afeto e manter um olhar de aceitação para conosco e para com os outros, minimizando os julgamentos e as acusações.

Dessa forma, pais e filhos que se amam sem as pressões do desejo de que o outro satisfaça os seus próprios desejos, vivem em maior harmonia e felicidade do que os que se comportam de outra forma.

O amor transforma corações, muda o rosto iluminando-o com um sorriso e proporciona paz aos corações que deixam-se dominar por esse sentimento e permitem-se simplesmente amar.

4.

AS ESCOLHAS DE ALGUMAS MULHERES QUE CHAMAREMOS POR "MARTAS"

É de conhecimento geral que as tarefas de uma mulher podem deixá-la preocupada, ansiosa ou estressada quando ela conta com pouca ou nenhuma ajuda. Seus planos e sonhos, muitas vezes, vão ficando adormecidos e isso causa o surgimento de uma mudança em seu temperamento. Essa mudança pode ser tão drástica que algumas perdem a essência ou identidade que cativava seus familiares e amigos. Para manter o equilíbrio e a identidade de amor, paciência e doçura há a necessidade de buscar por ajuda. Essa ajuda pode não ter custo algum financeiro quando o esposo, filhos ou alguém da família colabora com a organização e cuidados com a casa. Mas, outras vezes, gera um custo financeiro quando a opção é a contratação de um(a) profissional. O importante é ter uma ajuda com relação a casa e filhos, principalmente quando há, também, o trabalho fora, o lado profissional para manter. São pequenas escolhas que exigirão sacrifícios, mas tornarão a vida familiar muito mais harmoniosa e feliz.

Em Lucas 10, 38-42, no livro bíblico, temos um lindo exemplo das possíveis escolhas de uma mulher ao observar atentamente o enredo apresentado.

> **38** Caminhando Jesus e os seus discípulos, chegaram a um povoado onde certa mulher chamada Marta o recebeu em sua casa.

> **39** Maria, sua irmã, ficou sentada aos pés do Senhor, ouvindo a sua palavra.

40 Marta, porém, estava ocupada com muito serviço. E, aproximando-se dele, perguntou: "Senhor, não te importas que minha irmã tenha me deixado sozinha com o serviço? Dize-lhe que me ajude!"

41 Respondeu o Senhor: "Marta! Marta! Você está preocupada e inquieta com muitas coisas;

42 todavia apenas uma é necessária. Maria escolheu a boa parte, e esta não lhe será tirada".

Partindo da premissa de que Jesus amava muito Marta, Maria e Lázaro e de que todos tinham uma grande amizade nutrida por muita convivência e intimidade, podemos inferir que haviam relacionamentos regados por uma grande confiança envolvendo todos os integrantes. Marta, uma amiga muito amada do Senhor Jesus Cristo, fez o convite ao mestre para que esse estivesse em sua casa e estava visivelmente preocupada em acolher Jesus da melhor forma possível e, devido a isso, estava tão ocupada nos afazeres domésticos que seu foco não estava na pessoa que a visitava, mas sim em organizar a casa, o que é muito natural de ser feito ao receber uma visita tão amada e especial.

Quando sabemos que alguém irá até nossa casa, procuramos organizá-la com maior atenção e carinho para hospedar o melhor que podemos essa pessoa.

Marta, aqui, representa a figura da mulher ativa, preocupada em fazer o seu melhor para receber seu visitante, mas ao colocar sua atenção mais nas atividades domésticas, acaba deixando de lado a pessoa e sua atenção para com Jesus acaba ficando para segundo plano.

Muitas vezes, ao receber uma visita muito amada por nós, falhamos assim como Marta tirando o foco da pessoa para as coisas. Procuramos cuidar de todos os detalhes para que ela fique bem instalada, confortável e segura, mas esquecemos de dar-lhe a atenção merecida. Nossos pensamentos ficam presos em tarefas e não no ser tão querido e especial que ali está. É como se deixássemos de valorizar aquele momento exato em que a visita está em nossa residência talvez por conta da ansiedade em atendê-la bem.

Não que essas linhas intencionem aqui fazer julgamentos de conduta. O intuito é apresentar alguns exemplos para uma possível reflexão que possa oferecer caminhos alternativos para que as fases e os momentos da vida sejam aproveitados com maior alegria.

Exemplo de Marta I ao receber uma amiga íntima em sua casa

Marta I, conhecia muito bem sua amiga Maria e sabia o quanto ela gostava de estar em um lugar organizado. Diante disso, procurou limpar a casa e deixar tudo de acordo com o gosto da amiga. Sua expectativa era tão grande para que a amiga estivesse feliz e bem acomodada em sua casa que ela acabou esquecendo de fazer as compras para os alimentos que precisava naquela semana. Maria chegou e ambas estavam muito felizes, porém, Marta I tinha, agora, uma questão para solucionar. Ela, então escolheu ser sincera com sua amiga a respeito de seus sentimentos e preocupações. Após narrar todos os acontecimentos, as duas riram muito juntas e decidiram comer em algum lugar para aproveitarem melhor da companhia uma da outra.

Quando escolhemos estar verdadeiramente ali com as pessoas, é viável a transparência nas palavras para que a harmonia prevaleça sem que as hipóteses interfiram negativamente nas relações. Caso Marta I decidisse esconder os acontecimentos, ela teria que arrumar argumentos para ir ao mercado fazer compras e perderia totalmente o momento de ter a amiga para uma conversa, um passeio ao ar livre ou uma recreação qualquer.

Preparar-se para as visitas é algo fundamentalmente importante, pois permite maior autonomia, liberdade e segurança para o momento de recebê-las em casa, mas lembrando sempre de dar a atenção necessária para as pessoas, colocando-as como prioridade. Isso torna o momento único e especial para todos os envolvidos.

Exemplo de Marta II ao receber um velho amigo em sua casa

Marta II não via José há muitos anos desde que escolheram cursar diferentes universidades. Desde que nasceram partilharam do mesmo bairro, mesma vizinhança e amigos. Suas famílias eram muito unidas e costumavam organizar almoços juntas em datas especiais. Marta II e José eram praticamente irmãos, tamanha era a convivência diária deles. Mas, no momento em que as responsabilidades chegaram e as escolhas por um curso superior envolvendo localização em outras cidades e/ou estados, acabaram distanciando-se.

Marta II optara por estudar longe de casa, em uma universidade pública e José foi para uma cidade a poucos quilômetros de seus pais podendo voltar diariamente para o lar.

Muitas vezes, as nossas escolhas constroem distâncias entre nós e nossos familiares, amigos, casa, vizinhos, animais de estimação, entre outros. Mas, essas escolhas fazem parte do processo de amadurecer e criar estratégias para novas buscas para nossa vida. Não é ruim ou bom cursar universidade e morar com os pais ou fora de casa. São escolhas que agregam conhecimentos e maturidade. O fato de um jovem cursar universidade longe dos pais não o torna melhor que aquele que opta por permanecer em casa até que a decisão de adquirir sua independência e deixar os pais seja tomada. Ambos os jovens passarão por mudanças e adaptações, pois conforme vamos envelhecendo, novas buscas vão sendo apresentadas pela vida.

Uma pessoa que estudou fora de casa aprendeu muito sobre a convivência e adaptação com relação às pessoas estranhas. Possivelmente teve que abrir mão de algumas ideias e acolher as dos outros com maior tolerância, talvez dividir a casa e estabelecer algumas regras de convivência ou morar sozinho(a) e conhecer novos vizinhos para proporcionar uma vida social ou até mesmo garantir uma maior segurança para ela mesma.

UM SONHO OU UMA VIDA?

Já a pessoa que optou por viver um pouco mais com seus pais e familiares aprendeu muito sobre a convivência familiar durante a fase adulta, também abrindo mão de algumas vontades em detrimento da vontade do outro, percebeu que o respeito e o carinho entre os membros da família mesmo na fase adulta são essenciais e, provavelmente, teve a participação intensa de seus pais durante os momentos de vida de um(a) universitário(a), o que, também, ensina muito a respeito de convivência e adaptação.

No exemplo que temos aqui, Marta II acabou convivendo muito mais tempo com novos amigos e vizinhos do que com aqueles que ela já havia construído vínculo afetivo. Durante sua rotina pesada de estudos no curso de Medicina, Marta II não teve muito tempo para voltar para casa e desfrutar dos momentos de descontração e brincadeiras que anteriormente faziam parte de sua história. Ela acabou escolhendo pelos novos amigos durante os momentos livres e distanciou-se um pouco das pessoas de sua cidade. Eventualmente, seus pais apareciam para vê-la, pois, para eles, era mais fácil sair de casa de acordo com os pensamentos dela. Quando isso acontecia, ela dedicava-se a eles nas horas em que o estudo não a absorvia por completo. Foram anos difíceis, mas finalmente recheados pelo sabor de ter se tornado uma excelente pediatra e optado por permanecer residindo longe de sua cidade natal.

Agora, Marta II e José, já formados e estabelecidos iriam se encontrar pela primeira vez após alguns anos sem se ver. Havia uma certa insegurança por parte de ambos, pois tantos acontecimentos se fizeram presentes na vida de cada um deles sem que um tivesse conhecimento do outro que esse momento mais parecia um encontro entre dois estranhos.

Marta II pediu para sua funcionária organizar impecavelmente a casa para receber o amigo, mas esqueceu-se do jantar. A casa estava totalmente organizada, um cheiro de lavanda no ar, o que a deixou tranquila para atender o nobre visitante. Quando José chegou, foi diferente das expectativas de ambos, o medo e a insegurança foram substituídos pelo sentimento de amizade e companheirismo e ambos puderam reviver o passado animadamente na sala de estar.

Passado algum tempo, Marta II percebeu a falha ao não ter o jantar preparado em casa, mas abriu-se totalmente ao amigo contando a verdade e, juntos, escolheram por um lanche em um bar perto da casa de Marta II.

Ao deixar a preocupação de lado, conseguimos enxergar outras opções para a resolução de um problema. Um amigo querido vai sempre ser um amigo querido independentemente do tempo e da distância quando não houver mágoas no relacionamento. Vale muito a pena viver o momento sem prender-se tanto às formalidades no que diz respeito a familiares e amigos.

Existem situações em que depositamos muita energia nos cuidados em receber alguém querido preparando a casa, cuidando do jardim, escolhendo as flores para decorarem o ambiente, cozinhando os alimentos que imaginamos agradar a nossa visita e deixamos de apreciar o momento em que a recebemos dando a ela a nossa melhor atenção. Viver o momento consiste em acolher alguém com nosso melhor sorriso, esquecer um pouco as tarefas ou deixar tudo pronto antecipadamente para que a atenção esteja voltada integralmente para a pessoa no momento em que ela é recebida em nosso lar.

Olhar nos olhos, sorrir, conversar, deixar-se levar pela emoção de alegria e relembrar alguns bons acontecimentos do passado são ações que proporcionam um ambiente favorável para contribuir com a felicidade e bem-estar dos envolvidos no momento da acolhida de uma visita em casa. Parar um pouco o que estivermos fazendo e dedicar atenção é fundamental para mantermos bons relacionamentos em nossas vidas.

Há de pensar a respeito das nossas responsabilidades para com os compromissos assumidos. No momento em que recebemos alguém em nossa casa, somos responsáveis em criar condições favoráveis para uma boa acolhida, valendo muito a pena cativar o carinho e amizade nesse encontro. Isso lembra uma mensagem da obra *O Pequeno Príncipe*: "Tu te tornas eternamente responsável por aquilo que cativas".

Lembremo-nos de dar maior atenção às pessoas ao recebê-las em nosso lar. Lembremo-nos de dar atenção ao nosso lar quando estivermos comprometidos nas tarefas domésticas, de nos dedicar totalmente aos filhos quando estivermos com eles em momentos em que o trabalho fora de casa e as atividades domésticas não estejam interferindo, de conversar com nossos pais escutando-os verdadeiramente quando decidirmos dedicar um tempo a eles, de nos olhar com cuidado e atenção em momentos que tiramos para cuidar de nós mesmos. Enfim, é importante estabelecer o melhor a ser feito a partir das escolhas de compromissos que firmamos em nossa vida.

Isso, certamente, nos tornará mais felizes e realizados.

Exemplo de Marta III ao esquecer do amor por si mesma

Marta III sonhava em casar-se e constituir uma linda e amorosa família diferente do modelo que teve com seus pais. Não que tivesse pais ruins, mas faltara o carinho e a atenção em meio aos oito irmãos e às reais condições de pobreza de sua família em meados dos anos 1970 vivendo como agricultores no nordeste brasileiro.

Aos 22 anos, estava casada e imensamente feliz sonhando com tudo aquilo que queria fazer para ela e sua família. Não demorou muito tempo para ter seus filhos. Eram quatro filhos em um prazo curto de intervalo entre um e outro, mas uma das crianças não sobreviveu muito tempo por razões desconhecidas.

Marta, casada com um homem ciumento que a impedia de estudar ou trabalhar fora de casa, ia tentando fazer o seu melhor para manter seu sonho de família fortalecido. Ela acordava sempre muito cedo, antes de seu marido, preparava o café da manhã para todos e seguia com as atividades domésticas. Procurava ensinar seus filhos a realizar algumas das tarefas possíveis para ter um pouco de ajuda e estabelecia uma rotina organizada na qual cada um cumpria com seu papel. Seu esposo trabalhava fora e cuidava da manutenção familiar no que diz respeito às coisas que dependiam da parte financeira, ela cuidava da casa, da alimentação, e da educação das crianças e os filhos estudavam e ajudavam a mãe naquilo que era possível.

Para Marta III, seu sonho estava sendo realizado e tudo era perfeito. Mas, certo dia, ela foi acordada por seu esposo bêbado quebrando tudo a sua volta. Agressivo, acabou ofendendo-a com palavras e ações. Nesse momento, ela não conseguiu acreditar que sua história seria diferente de suas idealizações. Passado esse primeiro episódio, uma sequência de novos episódios de consumo de álcool e violência doméstica passou a fazer parte da rotina de Marta III. Ela já não conseguia manter sua tranquilidade e paz. Organizava sua casa e cuidava de seus filhos de uma outra forma, sem prestar muita atenção a eles, pois seus pensamentos estavam na expectativa da chegada de seu esposo em casa e nos acontecimentos que viriam com sua chegada. Se chegasse bêbado, seria um caos total e se chegasse sóbrio, todos teriam paz. Marta III tentava explicar aos filhos que o pai não era culpado de nada, ele era um bom homem quando não bebia e, assim, todos seguiam oprimidos por uma série de acontecimentos cercados de violência e opressão.

Sem querer abrir mão do seu sonho de família, ela fingia que nada daquilo ela verdade e que a responsabilidade pelas cenas agressivas era do vício em bebidas que o marido tinha. E, por amar demais seu esposo, mais do que a si própria, incentivou seus filhos a aceitarem o pai e a amá-lo sempre, independente do que ele fazia para ela e para toda a família. Passou a matricular as crianças em cursos gratuitos ofertados pela prefeitura da cidade em que morava logo após as aulas para que eles passassem mais tempo envolvidos com atividades saudáveis e distantes dos problemas de casa e pudessem ofertar algum tipo de conhecimento ao entrar no mercado de trabalho.

UM SONHO OU UMA VIDA?

Muito cedo, cada um de seus filhos já tinha conquistado seu trabalho e independência financeira, podendo seguir a vida com suas próprias escolhas.

Essa Marta apresenta uma atitude de distanciamento do problema. Ela idealiza um mundo e recusa-se a aceitar os fatos de sua realidade. Quando não aceitamos enxergar as coisas como realmente são, não conseguimos fazer nada para mudar e ficamos imaturos no que diz respeito à resolução de problemas.

A vida apresenta uma série de problemas a serem resolvidos. Esses problemas solucionados vão nos fortalecendo e construindo nossas histórias e as histórias daqueles que convivem conosco. Quando não solucionamos problemas, ficamos enfraquecidos, aceitando tudo sem questionar e sofrendo muito mais por isso do que quando buscamos por soluções.

Nessa situação, podemos atrair para todos os membros da família questões como baixa autoestima, procrastinação, depressão, ansiedade, medos, entre outros. Ensinamos que o amor suporta tudo, até mesmo situações que não são saudáveis de serem vivenciadas.

Vale a pena pensar em mecanismos que nos ajudem a solucionar os problemas e não ficar longos períodos sofrendo sem tomar medidas que modifiquem para melhor as situações-problema que são apresentadas em nosso caminho.

Esse caso nos faz refletir que quando mascaramos um problema e não buscamos por uma solução, acabamos colaborando para a construção de mais problemas que afetam mais e mais pessoas. Se ela tivesse procurado por uma solução no primeiro momento em que seu esposo apareceu bêbado e com comportamento violento, poderia ter evitado a repetição da conduta.

O sonho dela não foi vivido como deveria. Na verdade, ela deixou de lutar por seu sonho quando aceitou um marido violento e destrutivo. Ela entrou em um verdadeiro pesadelo e não saiu em busca de mecanismos que a fizesse voltar ao seu objetivo principal que era a conquista de uma família unida, amorosa e feliz.

53

Muitas vezes esquecemos o nosso objetivo, aquilo que nos move em nossa busca pela realização dos nossos sonhos. O que nos move? O que nos move é conhecer o nosso sonho, saber o que queremos e sair em busca de meios que, de maneira responsável, coerente e construtiva, facilite a nossa conquista.

Todos buscamos por algo. É essencial saber o que queremos, pois isso facilita o processo de busca. Se não soubermos o que queremos para nossa vida, estaremos como um barco à deriva que acaba sendo direcionado pelo fluxo das águas ou pela direção dos ventos. Imaginemo-nos em um dia qualquer saindo de nossas casas sem ter um destino a seguir, acabamos por caminhar de forma despretensiosa, podendo até chegar a algum lugar, mas não que esse local fosse uma meta. Podemos, até mesmo, perder o rumo do caminho de volta, pois não estivemos com nossas mentes conectadas ao objetivo de onde desejávamos chegar prejudicando a nossa rota de retorno também. Assim, é importante traçar um alvo a ser alcançado, um destino, um objetivo para saber aonde chegaremos e o que faremos para chegar. Temos que refletir a respeito de nossos sonhos, nossos planos, nossas metas de vida e seguir sem desviar o foco.

Quando Marta III aceitou todas as agressões de seu esposo e fingiu que estava tudo bem, perdeu a chance de enfrentar os problemas para conquistar seu objetivo. É como se ela não acreditasse ser possível alcançar aquilo que tanto queria e, pior que isso, ensinou aos seus filhos a aceitarem passivamente situações de vida que causam prejuízos a saúde física, mental e emocional.

Essa situação que descrevemos aqui serve para refletir a respeito do que estamos fazendo com nossos sonhos. Estamos lutando, abraçando nossos problemas para solucionar e os deixar para trás, servindo apenas como provas na jornada ou estamos convivendo diariamente com eles sem acreditar que podemos resolvê-los e seguir.

Pense em um jogo qualquer. É preciso manter o foco, a atenção e traçar estratégias para vencer. Se não focarmos, per-

UM SONHO OU UMA VIDA?

demos para o nosso adversário de jogada. Se perdemos, ficamos parados, sem avanço algum. Ao perdermos, podemos desistir e aceitar passivamente a nossa posição de perdedores ou podemos insistir em uma nova partida, buscando aprender mais sobre as técnicas a serem aplicadas até conseguirmos vencer a partida.

Lembre-se de valorizar cada etapa do caminho. A partida vai nos abastecer de conhecimentos necessários para as próximas jogadas.

Não deixe de acreditar em seus sonhos! São eles que vão dando significado para nossa vida.

Refletimos um pouco sobre as atividades de rotina que tomam bastante tempo e acabam causando um certo estresse em meio ao acúmulo de tarefas presente na vida de qualquer pessoa nos dias atuais. Essas atividades são importantes e devem ser feitas, mas respeitando nossas possibilidades e condições para fazê-las. Devemos nos atentar para as pessoas do nosso círculo familiar priorizando-as nos momentos necessários e cuidar, também, dos relacionamentos profissionais e de amizade. Quando pensarmos em rotina, que possamos construir nossa rotina dando a atenção maior ao que realmente for importante e o que realmente for importante está diretamente relacionado aos nossos sonhos.

5.

ALGUMAS REFLEXÕES A RESPEITO DAS ADVERSIDADES QUE MODIFICAM O PERCURSO QUE TRAÇAMOS EM NOSSA ROTINA DE VIDA

Iniciaremos pensando a respeito da história de "Maria", mãe de Jesus, que, como muitos creem, quando moça foi escolhida e convidada a participar do Plano Divino de Salvação da humanidade.

Observemos a passagem bíblica apresentada em Lucas 1:26-38 comentando a respeito dos acontecimentos que antecedem o nascimento de seu filho:

> e, no sexto mês, foi o anjo Gabriel enviado por Deus a uma cidade da Galiléia, chamada Nazaré,
> A uma virgem desposada com um homem, cujo nome era José, da casa de Davi; e o nome da virgem era Maria.
> E, entrando o anjo aonde ela estava, disse: Salve, agraciada; o Senhor é contigo; bendita és tu entre as mulheres.
> E, vendo-o ela, turbou-se muito com aquelas palavras, e considerava que saudação seria esta.
> Disse-lhe, então, o anjo: Maria, não temas, porque achaste graça diante de Deus.
> E eis que em teu ventre conceberás e darás à luz um filho, e pôr-lhe-ás o nome de Jesus.
> Este será grande, e será chamado filho do Altíssimo; e o Senhor Deus lhe dará o trono de

Davi, seu pai;

E reinará eternamente na casa de Jacó, e o seu reino não terá fim.

E disse Maria ao anjo: Como se fará isto, visto que não conheço homem algum?

E, respondendo o anjo, disse-lhe: Descerá sobre ti o Espírito Santo, e a virtude do Altíssimo te cobrirá com a sua sombra; por isso também o Santo, que de ti há de nascer, será chamado Filho de Deus.

E eis que também Isabel, tua prima, concebeu um filho em sua velhice; e é este o sexto mês para aquela que era chamada estéril;

Porque para Deus nada é impossível.

Disse então Maria: Eis aqui a serva do Senhor; cumpra-se em mim segundo a tua palavra. E o anjo ausentou-se dela.

Maria, provavelmente, tinha outros planos para si mesma, como apontam os registros bíblicos sobre sua história de vida. Mas, em meio a acontecimentos que confrontaram seus planos, ela agiu de uma forma bastante madura, aceitando que as intercorrências fazem parte do caminho e que outras ideias vão surgindo para que o enfrentamento de uma situação-problema seja eficiente e colabore para o fortalecimento e o crescimento pessoal, dando subsídios para as próximas etapas que se fizerem presentes.

Com a chegada de um bebê, Maria torna-se não apenas esposa e responsável pelo lar, mas acolhe, também, as tarefas de uma mãe. Era jovem, mas o desafio de ser mãe sem um planejamento familiar foi aceito e vivido por ela.

Como observamos, Maria pôde contar com o apoio do pai da criança que se encontrava nas mesmas condições da mãe: despreparado e pego de surpresa com a gravidez da noiva. Então, esse momento de mudança de planos de vida ocorreu para ela e para José. Ambos tiveram que viver a ruptura de um plano ou sonho e articular ações para aceitar novos acontecimentos que não foram idealizados, enfrentando inúmeras situações que envolviam a chegada de uma criança antes do casamento e com incerteza a respeito da paternidade.

Reflexões sobre uma gravidez não planejada

Algumas pessoas vivem paixões marcantes, momentos de romance em que a emoção passa a ser muito mais vivida do que a razão. Os momentos de prazer proporcionados pelo sexo nas diversas fases da vida, em algumas situações, acabam dificultando no que diz respeito às decisões de cuidado e prevenção para com gravidez não planejada ou doenças sexualmente transmissíveis por alguns amantes apaixonados, e isso traz situações adversas que demandam novos planos, novas responsabilidades e novas estratégias de vida.

Uma gravidez não planejada, mesmo no ano de 2022, pode ser motivo de preocupação e ansiedade por parte dos pais do bebê e familiares. Há os que acreditem que essa gravidez trará a ruptura da melhor fase da vida, há os que temem as responsabilidades da paternidade, os que dependem financeiramente de outras pessoas, os que optam por fugir da responsabilidade que a chegada de uma criança necessita, os que negam os novos encargos do papel de pai e do papel de mãe, entre muitos outros comportamentos que o indivíduo apresenta após tomar conhecimento de que deverá encarar uma nova etapa em sua vida na qual ele não estava preparado no momento.

Um filho depende totalmente de seus pais ou responsáveis nos primeiros anos de vida e isso demanda dispor de tempo e energia para as atribuições da paternidade ou maternidade. É natural ficar ansiosos quando somos pegos de surpresa pela chegada de uma criança que não foi planejada para aquele determinado momento, mas nesse momento é necessário preocuparmo-nos com as ações que tomaremos para enfrentar essa nova fase preparados para as demandas que surgirão.

Encarar com otimismo e alegria as consequências dos nossos atos e procurar ajuda necessária para organizar nossa vida diante do inesperado oferece uma série de mecanismo que proporcionam um amadurecimento e crescimento pessoal necessários para o nosso bem-estar e o bem-estar das pessoas próximas.

Lembrando que não estamos sozinhos nas ocorrências de nossa história que nos surpreendem na jornada. Prestando maior atenção aos que estão à nossa volta, percebemos histórias semelhantes às nossas e pessoas disponíveis a ajudar com uma palavra amiga, uma instrução que colaborará com a nova situação, apoio financeiro, emocional, entre outros. É interessante nos posicionar recebendo o apoio necessário para o enfrentamento e a superação das situações inesperadas.

Observemos, novamente, a gravidez de Maria, mãe de Jesus, que ainda na adolescência teve que encontrar mecanismos para receber e enfrentar novos acontecimentos em sua vida correndo inúmeros riscos como o de ser abandonada pelo parceiro, criticada e excluída pela sociedade da época. Observemos e reflitamos a respeito da palavra "receber". Receber o novo — Maria recebeu a notícia da gravidez, recebeu as consequências, recebeu o esposo, recebeu ajuda das pessoas, recebeu o filho, recebeu visitas, recebeu presentes, recebeu perseguições, recebeu notícias alegres, recebeu notícias tristes, recebeu todas as situações que surgiram em seu caminho sem ter um programa ou plano antecipadamente e tudo foi fluindo para ações que supriram as necessidades dela e da família.

Ao recebermos uma notícia inesperada, é comum ficarmos ansiosos e preocupados, pois não sabemos ao certo quais ações serão mais eficientes para o seu enfrentamento. Porém, o mais importante é não deixar o medo dominar nossos pensamentos, pois é o agir que vai dando suprimentos capazes de nos fortalecer para conduzir as novas situações.

Uma outra situação que nos remete ao tema é a de Zacarias e Isabel. Zacarias foi um sacerdote considerado justo para Deus nos dias de Herodes, rei da Judeia. Ele e sua esposa não tinham

UM SONHO OU UMA VIDA?

filhos devido à esterilidade de Isabel e encontravam-se com idade avançada quando foram surpreendidos pela chegada de um bebê que recebeu o nome de "João".

Zacarias e Isabel tiveram que construir um plano de ação inesperadamente, pois a gravidez não estava mais na expectativa do casal e assim o fizeram, recebendo a gravidez, a criança, as possíveis críticas promovidas pelas pessoas da comunidade local, as consequências que envolviam noites sem dormir e os cuidados para com o desenvolvimento, crescimento, educação, religião e demais necessidades do menino.

Não deve ter sido uma tarefa fácil para esse casal com mais idade receber as atribuições que envolvem o nascimento de um bebê. Mas percebemos que o acolhimento da novidade com o coração disponível e alegre torna-o um bom exemplo a ser mencionado.

Indiferentemente das nossas condições, no momento em que recebemos algo novo em nossa vida, uma boa opção é aceitar a nova situação e procurar meios para agirmos de forma coerente, sábia, desprovida do egoísmo, adaptando-nos às mudanças para um avanço daquele ciclo ou situação proposta.

Podemos pensar que somos jovens demais ou velhos demais para uma determinada situação e passar a desejar ficar estáticos, sem problemas, ou no mesmo plano de vida sem que nada fora do esperado ocorra. Mas, se parar para analisar como a vida acontece, concluímos que isso não é possível. Estamos vivos e a vida é dinâmica e apresenta muitas situações inesperadas ou não programadas por nós e aceitar o inesperado é um passo importante porque nos faz refletir sobre ações a serem desenvolvidas para atuar efetivamente no enfrentamento de uma situação-problema, fortalecendo-nos para novos desafios.

Quando acontecer algo inesperado e ficarmos ansiosos e sem saber direito o que fazer, que possamos parar um pouco e pensar racionalmente que essas situações fazem parte do cotidiano de todas as pessoas e que não estamos sozinhos vivendo aquela provação. Também aconselhamos a respirar profundamente por algumas vezes tentando não focar especificamente no problema, mas sim em uma mensagem ou imagem que possa lhe fortalecer para depois decidir a melhor sobre o que fazer. Quando não paramos um pouco para acalmar o nosso organismo, corremos o risco de acabar optando por uma conduta que trará mais angústia do que alegria para nós mesmos e para os envolvidos.

Reflexões sobre a morte de uma pessoa amada

Muitas vezes pensamos que somos eternos e não nos preocupamos muito em como conviver uns com os outros agindo com pouca paciência e tolerância, e isso traz muitos desapontamentos.

A rotina familiar onde todos são muito íntimos acaba favorecendo ambientes em que despejamos palavras ingratas e inoportunas, ferindo pessoas que amamos e sendo feridos, travando uma batalha na qual deveria ser calmaria e amor acima de tudo.

As pessoas com as quais convivemos são aquelas que conhecemos e que nos conhecem um pouco melhor. São elas que muitas vezes sabem decifrar nossos olhares e atitudes, as que nos apoiam quando ficamos doentes e com idade avançada e merecemos usar de muita sabedoria para estabelecer laços de amor e paz nesse tipo de convivência. Mas essa tarefa não é nada fácil devido a uma série de fatores que corroboram para o desenvolvimento de condutas despreocupadas e de pouca responsabilidade ética.

Embora seja facilmente reconhecido pela grande maioria das pessoas o descompromisso com a responsabilidade ética nos núcleos familiares, escrever ou falar a respeito é muito mais simples do que estabelecer uma conduta diferente e responsável que favoreça e discipline comportamentos humanos em busca de um ambiente de harmonia, paz tolerância e amor entre os envolvidos. Com faixas etárias distintas, diferentes opiniões e valores, além das influências dos ambientes externos de cada um

UM SONHO OU UMA VIDA?

fica ainda mais complexo conviver dividindo o mesmo espaço mantendo uma harmonia entre todos. Entretanto, é algo possível de ser conquistado.

Quando paramos e refletimos sobre nossas ações mais do que a respeito das ações dos outros, conseguimos agir modificando nosso comportamento e influenciando positivamente no ambiente em que estamos convivendo proporcionando um sentimento de alegria e gratidão para nós mesmos e para os outros. Lembrando dos primeiros membros de um relacionamento íntimo que são: esposo e esposa e pais e filhos, abordaremos algumas situações de escolhas de conduta que trazem a intenção de proporcionar uma reflexão sobre esse exercício social que é a convivência, pois podemos afirmar que conviver é um exercício diário de cidadania nada simples, mas possível.

Iniciaremos, agora, uma pequena reflexão sobre uma família composta por cinco pessoas, um casal e seus três filhos. Esse casal tinha uma condição financeira razoavelmente boa, mas uma situação problema descoberta após o matrimônio aflorou com o passar dos anos: o consumo exagerado do álcool e gastos extras em festas com amigos eram ações constantes por parte do pai de família ocasionando outros tipos de situações-problema como a falta de recursos para a manutenção das despesas familiares, brigas constantes com a esposa e filhos.

Observemos que ao conviver com uma situação-problema não resolvida, nesse caso, o vício do álcool, surgiram outras que também se arrastaram com a família sem solução e isso comprova que as situações adversas necessitam ser solucionadas para que possamos amadurecer e desenvolver ferramentas que tornem nossa vida mais harmônica e feliz.

Essa família viveu anos em um clima de guerra onde os filhos iam se distanciando cada vez mais do respeito e de suas responsabilidades para com os pais usando como justificativa o fato de que a mãe nada havia feito para contornar a situação.

Em muitas situações, deixamos para o outro a responsabilidade para a resolução de situações adversas ou esperamos do outro uma ação que favoreça a solução de algum problema. Procuramos ficar bem conosco, então, a saída é culpar alguém ou algo quando temos um elemento em desequilíbrio em nossa vida precisando de uma intervenção. Nesse caso, os filhos esperavam que a mãe tivesse agido para conter o vício do pai e resolvesse a questão do vício, brigas e dinheiro, mas ela não conseguiu êxito em suas ações. Enquanto isso, os filhos iam crescendo e convivendo em família contribuindo para a desarmonia familiar ao fazer apenas cobranças à mãe sem partilhar de um plano de ação para ajudá-la com um problema que não era apenas dela.

Visivelmente, é possível enxergar que questões como vícios, brigas, preconceitos, trabalho doméstico e finanças familiares começam em um dos membros da família, mas quando ele não consegue atuar sozinho para uma melhoria, é preciso que haja o envolvimento e a participação de todos. Nesse caso a mãe necessitava, primeiramente, da contribuição dos filhos para pensar em estratégias de solução. Como isso não ocorreu, filhos casados distanciavam-se cada vez mais do problema que ficou integralmente para os pais.

Com o uso exagerado de bebidas e cigarros e alguns problemas de saúde, o pai veio a falecer aos 50 anos deixando para trás uma família ainda imatura com relação à partilha de ações colaborativas e coletivas em prol do bem-estar pessoal e de todos.

Contudo, após a morte do pai, a mãe acabou ficando muito doente e isso sensibilizou os integrantes da família para com ações de intervenção coletiva que garantissem os cuidados necessários para com a saúde da mãe mostrando que apesar das dificuldades em agir diferente e desenvolver atitudes que atuem e interfiram positivamente com relação às adversidades e imprevistos presentes no cotidiano, as mudanças de conduta são possíveis.

Hoje, após mais de 20 anos da morte do pai, os filhos fortaleceram a união familiar, cuidam da mãe com carinho, dedicam

UM SONHO OU UMA VIDA?

tempo de qualidade para com todos os integrantes da família e são pessoas muito mais preparadas para resolver os infortúnios que surgirem pela frente.

Independentemente do que aconteceu antes, o agora é o mais importante. Muitas vezes não conseguimos atuar em um momento de infelicidade que exige um posicionamento e uma ação efetiva de enfrentamento, mas provavelmente não estávamos preparados ou não compreendíamos muito bem o que estava sucedendo ou não tínhamos consciência de que podíamos ter feito algo ou ainda uma outra razão qualquer. O que importa é sempre o momento presente. O que podemos fazer agora para resolver uma situação que precisa de nossa participação responsável para solucioná-la. O foco deve estar sempre no que podemos fazer "agora".

Cuidar das pessoas que amamos é algo muito importante para o nosso fortalecimento pessoal e muitas dificuldades são encontradas quando decidimos cuidar de alguém, mas lembremo-nos sempre de que embora pareça ser difícil ou inacreditável, é uma tarefa possível.

Lembre-se de alguma mudança que você teve que administrar em sua vida e que parecia improvável de acontecer, mas que foi vencida no momento em que tomou atitudes de decisão e enfrentamento indiferente de sua faixa etária. Certamente, essas ações foram inúmeras desde o seu nascimento até os dias atuais, pois na vida existem novas situações a cada instante necessitando de atitudes planejadas com o intuito de obter triunfo para com a adversidade. Vamos relacionar algumas das conquistas vivenciadas por muitas pessoas:

- Nascer!
- Chorar;
- Abrir os olhos;
- Enxergar;
- Ouvir;
- Falar;
- Andar;
- Correr;
- Aprender a andar de bicicleta;
- Aprender a ler;
- Aprender a escrever;
- Aprender a falar;
- Arrumar o quarto;
- Arrumar a casa;
- Brincar de futebol;
- Jogar xadrez;
- Aprender uma profissão;
- Trabalhar;
- Cozinhar;
- Pagar por suas despesas pessoais;
- Cuidar de si mesmo;
- Cuidar de um familiar;
- Acalmar-se em situações difíceis;
- Ficar em silêncio quando necessário;
- Falar quando necessário;
- Dirigir um veículo;
- Amar e receber amor;
- Enfrentar situações-problema.

UM SONHO OU UMA VIDA?

São muitas as situações em que nos posicionamos para vencer um obstáculo ou superar um determinado problema. Algumas situações não podem ser resolvidas considerando apenas nosso posicionamento diante delas, pois são questões que ultrapassam os muros daquilo que nos pertence. Nesses casos, vale a pena refletir considerando que quando a solução ou ajuda que estiver disponível em nossas ações não contribuir para a resolução de alguma situação-problema, provavelmente essa não é uma questão nossa.

A exemplo de vícios e rebeldia no seio familiar em que o protagonista não estiver interessado em acolher novas ações para uma melhoria, podemos tirar o nosso foco daquela situação, caso ela não gere problemas maiores para os demais integrantes da família e seguir com ações construtivas para nós mesmos e os outros, esperando que aos poucos haja uma autopercepção de que é necessário evoluir para lutar contra o vício e a rebeldia. Importa refletir sobre condutas que não nos prejudiquem emocionalmente interferindo nas relações familiares.

No caso de situações de difícil convivência, uma das formas de solução pode ser estabelecer uma convivência de curta duração quando possível, mas procurar manter-se disponível e presente na vida das pessoas, principalmente tratando-se de pai, mãe e irmãos.

Se temos um pai com questões a serem resolvidas com o vício e o mesmo mostra-se intransigente, não há a necessidade de assimilar os problemas que ele deverá enfrentar como se fossem nossos. Vale a pena oferecer a ajuda necessária, fazer-se presente com apoio, amor e respeito, mas se a pessoa não aceitar e criar discussões ou situações de violência verbal, podemos ofertar a disponibilidade dessa assistência e manter o relacionamento em harmonia. Não será fácil, mas é possível. Para isso, sugere-se, pensando na fase adulta, que as visitas sejam constantes, mas não por períodos muito longos, que prevaleça o carinho e o respeito considerando que o vício é uma dificuldade a ser vencida pelo familiar que se encontra em estado de dependência de uma determinada substância como o álcool mesmo você estando disposto a ajudá-lo no que for preciso.

Quando percebemos que nosso foco pode deixar o problema na medida em que percebemos a recusa de alguém em aceitar nosso apoio, ficamos em uma situação que nos possibilita outras ideias, outros planos e sonhos que enriquecem nosso bem-estar pessoal e nossa determinação para as demais adversidades, deixando, assim, de viver um problema que não é exclusivamente nosso durante as 24 horas do nosso dia.

Façamos o que for nossa responsabilidade, façamos o melhor para ajudar nossos pais e irmãos, mas quando houver uma situação-problema que não é de nossa responsabilidade, que saibamos usar de sabedoria para manter as relações familiares em equilíbrio. Fazendo isso, provavelmente não sofreremos de dores como arrependimentos, remorsos e culpas quando a perda de um desses familiares ocorrer.

Reflexões sobre a perda de um bom emprego

Algumas pessoas costumam acreditar que a rotina que vivem no presente é imutável e que o trabalho e/ou função que exercem no momento dificilmente será interrompido por um processo de demissão. Não que isso deve tornar-se uma preocupação constante, mas devemos buscar sempre novos conhecimentos, novas metodologias e capacitações para nos preparar caso algo que não estávamos esperando nos surpreenda na área profissional, derrubando nossos planos e trazendo desconforto financeiro que acaba afetando diretamente nossas vidas e as vidas que dependem dos nossos rendimentos.

É comum nos apegarmos a um cargo profissional e isso não é ruim, mas ficarmos estagnados sem novos horizontes propicia uma sensação de conforto que pode nos impedir de movimentos educacionais e profissionais que agreguem maiores conhecimentos e possibilidades e as atitudes de permanência em um determinado estado "confortável" acaba compelindo para uma jornada de poucos recursos no caso do enfrentamento de uma situação-problema como o "desemprego". Porém, ao contrário, quando gostamos do que estamos fazendo e realizamos da melhor forma possível procurando sempre por ações de aperfeiçoamento como cursos, leituras, novos conhecimentos e disciplina pessoal e profissional, as chances de enfrentarmos com otimismo um momento de desligamento do trabalho e superarmos encontrando novas oportunidades profissionais são muito maiores.

Quando o trabalho proporciona uma sensação de prazer fica muito mais simples encontrar nossa realização como pessoa que contribui significativamente para o fluxo econômico pessoal e familiar. Quando o trabalho está associado ao sentimento de satisfação e felicidade, as possiblidades do desemprego são muito menores. Pois há uma satisfação e movimentos de ações planejadas para um crescimento contínuo fortalecendo o indivíduo em momentos de adversidades no campo profissional.

Na esfera profissional, vale a pena investir tempo para ampliar os nossos conhecimentos capacitando-nos ainda mais para o exercício de nossas responsabilidades profissionais atuais e construindo uma bagagem que nos acompanhe fortalecendo-nos em momentos de perdas financeiras.

Nesse momento, século XXI, ano de 2022, vivemos uma grande crise financeira mundial acompanhada por uma série de consequências negativas provocadas pelas perdas causadas pela pandemia. Esses acontecimentos, acompanhados de um visível pessimismo presente em alguns discursos apresentados por meio das mídias, conversas familiares, bate-papo com amigos, entre outras situações, propicia uma atmosfera de insegurança e medo que diminui consideravelmente as possibilidades de pensar com calma e estabelecer metas e planos estratégicos que facilitem o enfrentamento de situações profissionais adversas.

Quem já enfrentou uma situação de desemprego nos últimos anos, compreende rapidamente o que estamos relatando.

A história de M, uma mulher de 42 anos de idade, ajuda-nos em reflexões sobre novos desafios profissionais em meio a uma crise financeira mundial e pandemia que assolam a toda a humanidade.

Ela estava trabalhando com vendas de alguns produtos femininos e costumava lucrar o suficiente para manter as despesas de casa e o lazer da família. Seu esposo trabalhava para pagar pela prestação da casa própria e garantir algumas economias para uma reforma, viagem ou emergência. Quando foram pegos pelas consequências da pandemia de Covid-19 que afetou e afeta o mundo todo tiveram que organizar uma nova rotina familiar para superar todas as adversidades que surgiram.

Primeiramente, o casal teve que enfrentar a situação das crianças em casa sem a rotina escolar. Com as escolas fechadas não havia como M sair para as vendas costumeiras. Além dessa questão, quando ela tentava fazer uma visita para apresentar seu produto era surpreendida por decretos de proibição e restrição de pessoas, impedindo-a de vender suas mercadorias. A família organizou-se da seguinte maneira: M passou a cuidar dos filhos em tempo integral e aprendeu a utilizar as ferramentas do universo digital das redes sociais para divulgar alguns produtos e garantir as vendas. Essas vendas caíram significativamente e a família passou a viver economizando diariamente nos gastos, mas o lado bom foi a convivência diária que foi aperfeiçoada. Antes desse período, os encontros entre o casal e seus filhos eram cercados de responsabilidades e compromissos controlados pelo pouco tempo e as muitas atividades a fazer; agora, a família de M está mais unida, tendo oportunidade de manter conversas cotidianas, troca de afeto, ideias e planos sem a preocupação da vida corrida de antes.

Logicamente, essa família gerenciou suas finanças com a presença do salário integral do patriarca. Se as dificuldades financeiras fossem parte da vida do esposo também, essa histó-

UM SONHO OU UMA VIDA?

ria poderia ser outra. Honestamente, sabemos que seria muito mais difícil para eles enfrentarem um momento como esse. Mas, como já citamos algumas vezes neste livro, não seria impossível.

Essa pequena história evidencia que vale a pena manter o equilíbrio e os sentimentos otimistas alimentando o nosso ser, pois, certamente, encontraremos ações eficazes para atuar enfrentando as situações que comprometem as nossas finanças e o sustento familiar.

Mesmo tendo observado o exemplo de M, temos condições de lembrar ou imaginar uma situação em que uma determinada família se comportou de maneira diferente e não obteve o mesmo resultado. Se os integrantes forem dominados por sentimentos de desespero, fúria, tristeza ou impotência não estarão armados apropriadamente na busca de soluções eficientes e, provavelmente, os relacionamentos familiares sofrerão grandes conflitos que demandarão ainda mais ações e estratégias na busca de recursos de solução de problemas.

Um problema para ser solucionado necessita de atenção e busca de ferramentas que auxiliem na solução. Já uma situação-problema enfrentada por sentimentos negativos que vislumbrem apenas as consequências desastrosas que ele provocará pode gerar novos problemas e a demora para a solução pode ser muito longa e destrutiva.

É importante abrir a mente para novos caminhos que nos levem a resultados que interfiram diretamente ajudando na resolução de um problema que se originou em nosso meio. Esses caminhos podem ser vislumbrados por nós mesmos buscando refletir e discutir a situação em família ou podem ser apontados por uma pessoa neutra que não faz parte do grupo que está vivenciando a situação, contanto que seja uma pessoa capacitada e de confiança, preparada para essa tarefa.

Reflexões sobre a história de um filho em meio a um problema financeiro

Ser um filho, ser um pai, ser um homem, ser uma mulher, ser rico, ser pobre é algo que nos aproxima de um determinado papel social. Facilmente poderíamos trocar o verbo "ser" por "estar", pois tais papéis podem modificar com o tempo, as estratégias que desenvolvemos e as consequências das fases da vida.

Quando estamos convivendo em família com nossos pais, temos neles verdadeiros mestres que desejam incansavelmente que possamos não cometer tantos erros quanto eles cometeram ou que procuremos providências consideradas ideais para garantir menos sofrimentos futuros.

Tudo isso ocorre com grande frequência na rotina de pais e filhos convivendo em uma mesma casa e não definiremos como certo ou errado, bom ou ruim, ideal ou não, pois são situações comuns enraizadas na convivência, mas podemos refletir a respeito dos distintos momentos de cada um. Quando somos jovens, no papel de filhos, ainda estamos conhecendo-nos e descobrindo como agir de maneira adequada, que cause poucos sofrimentos ou problemas e isso faz parte das descobertas que temos durante a vida. Muitas vezes ouvimos nossos pais com atenção e optamos por seguir seus conselhos, mas outras vezes decidimos por um caminho diferente daquele sugerido por eles. São escolhas que vão construindo nossas histórias. Indiferente da escolha, certamente, teremos uma consequência ou sequência de acontecimentos necessitando de nossa participação e intervenção.

Uma das histórias muito lidas da bíblia sagrada, certamente está em Lucas 15:11. Nela, Jesus narra uma parábola, na qual conta a história de uma família que possuía muitas riquezas.

> E disse: Um certo homem tinha dois filhos;
> E o mais moço deles disse ao pai: Pai, dá-me a
> parte dos bens que me pertence. E ele repartiu

UM SONHO OU UMA VIDA?

por eles a fazenda.
E, poucos dias depois, o filho mais novo, ajun-
tando tudo, partiu para uma terra longínqua,
e ali desperdiçou os seus bens, vivendo dis-
solutamente.
E, havendo ele gastado tudo, houve naquela
terra uma grande fome, e começou a padecer
necessidades.
E foi, e chegou-se a um dos cidadãos daquela
terra, o qual o mandou para os seus campos, a
apascentar porcos.
E desejava encher o seu estômago com as bolotas
que os porcos comiam, e ninguém lhe dava nada.
E, tornando em si, disse: Quantos jornaleiros
de meu pai têm abundância de pão, e eu aqui
pereço de fome!
Levantar-me-ei, e irei ter com meu pai, e dir-lhe-
-ei: Pai, pequei contra o céu e perante ti;
Já não sou digno de ser chamado teu filho; faze-
-me como um dos teus jornaleiros.
E, levantando-se, foi para seu pai; e, quando
ainda estava longe, viu-o seu pai, e se moveu de
íntima compaixão e, correndo, lançou-se-lhe ao
pescoço e o beijou.
E o filho lhe disse: Pai, pequei contra o céu e
perante ti, e já não sou digno de ser chamado
teu filho.
Mas o pai disse aos seus servos: Trazei depressa a
melhor roupa; e vesti-lho, e ponde-lhe um anel na
mão, e alparcas nos pés;
E trazei o bezerro cevado, e matai-o; e comamos,
e alegremo-nos;
Porque este meu filho estava morto, e reviveu,
tinha-se perdido, e foi achado. E começaram a
alegrar-se.
(LUCAS 15:11-24)

Essa parábola apresenta a possibilidade para várias reflexões sobre comportamentos entre pais e filhos que podem nos ajudar a compreender melhor os momentos de ruína financeira que qualquer um pode enfrentar na vida.

Quando o filho mais moço pede ao pai a sua parte da herança, vemos a ousadia de um jovem que deseja ter a liberdade para buscar o gerenciamento de seus pertences, mas ainda sem experiência financeira alguma. Essa atitude faz com que ele viva algumas situações que o levem a muitas perdas. Talvez pela inexperiência, ou por confiar em pessoas que não mereciam confiança ou ainda pelo seu jeito ousado de ser e arriscar tudo o que tinha buscado por um lucro que não obteve. Podem ser inúmeras as situações que levaram esse rapaz a perder toda a herança recebida, mas, certamente, seu desejo não era esse, pois dificilmente alguém simplesmente sai por aí gastando sem um plano de ganho ou sem um objetivo financeiro que lhe traga um certo lucro.

Infelizmente ou felizmente, ele viveu algumas situações de dificuldades, perdas, fome, miséria e exclusão que o motivaram a articular um plano de ação em busca da resolução de seu problema. Ele percebeu que buscar ajuda de alguém confiável poderia restaurar sua vida e até mesmo sua dignidade e foi isso o que decidiu fazer. Buscou um homem experiente, que tinha recursos financeiros suficientes para garantir uma vida familiar satisfatória e manter seus empregados com um bom padrão de vida, partilhando com responsabilidade os ganhos recebidos.

Esse filho encontrou no pai a figura de um homem nobre, responsável e sábio no momento em que se viu preso pelas decisões inexperientes dos seus poucos anos de vida que o levaram a uma sequência de acontecimentos trágicos que afetaram diretamente seus objetivos de vida e seu relacionamento com seus familiares, provavelmente, ganhou novos significados após tais incidentes.

Interessante perceber que o pai não segurou a parte da herança desejada pelo filho, mas, sim, entregou sem oferecer

UM SONHO OU UMA VIDA?

resistência, depositando confiança naquele jovem, mesmo considerando que tradicionalmente um filho só poderia ter acesso à sua herança depois da morte do pai. Isso mostra que o pai também foi ousado. Ousou em confiar, em acreditar que tudo aquilo poderia propiciar, no mínimo, novos aprendizados ao rapaz e suas previsões estavam certas. Mais tarde, o filho estaria com suas economias com valores mais elevados por ter tido sucesso em seus investimentos financeiros, ou falido por ter demonstrado baixo conhecimento para com os negócios, mas teria amadurecido com os ensinamentos proporcionados pela experiência enfrentada. Nesse caso em específico, o moço acaba demonstrando que ainda não tem o conhecimento financeiro necessário para fazer sua riqueza durar muito tempo.

O fato de o filho mais jovem ter vivido em tão pouco tempo experiências desastrosas o fez considerar e valorizar fatores que anteriormente provavelmente não valorizava. Dessa forma, a experiência foi muito válida e eficiente. Possivelmente esse filho teve maior consciência de si mesmo e das outras pessoas à sua volta, podendo enxergar os esforços constantes de seu pai para conquistar e manter suas riquezas e valores por tanto tempo. Ao se ver marginalizado e faminto, pôde perceber a consideração que seu pai mantinha para com as demais pessoas em diversas situações de relacionamentos em quesitos como: respeito, atenção, carinho e caridade.

Temos aqui uma história que vai muito além dos limites financeiros, pois percebemos uma demonstração de amor e confiança tanto por parte do pai como por parte do filho. Um filho, dificilmente volta para um lar onde ele não tem confiança, para um pai que não pode recebê-lo, para uma família desestruturada e arruinada sem amor e harmonia. Ele voltou porque sabia que poderia contar com seu pai mesmo após tantas atitudes inconsequentes que o levaram ao fracasso financeiro.

Esse filho mais novo, embora convivendo com seu fracasso financeiro por um determinado tempo, não pode ser visto como um fracassado, pois ousou viver algo novo e arriscar-se na vida sem a participação de seus pais, o que demonstra um grande desejo de realizar algo para si mesmo, de tentar um plano de ação que o fortalecesse financeiramente. Mesmo não obtendo o sucesso desejado, ele obteve o aprendizado necessário para agir em um outro plano de vida em que foi vencedor: ele venceu o medo do que as pessoas que o conheciam poderiam comentar a seu respeito, o medo da rejeição familiar, de ser apontado como um filho ruim ou um homem qualquer que gasta os bens de sua família irresponsavelmente, medo de recomeçar, medo de voltar para casa confessando que errou e até mesmo o medo de ser excluído pela sociedade.

Vemos, nesse filho, um rapaz que teve algumas lutas que transformaram seus pensamentos e ações e que juntou os recursos que lhe sobraram para vislumbrar um caminho próspero novamente, mesmo após suas perdas materiais.

Quando ele deixou seu lar, possivelmente acreditava que estava fazendo o melhor para alcançar um objetivo em questão, uma busca. Essa busca deveria estar diretamente relacionada à prosperidade material e financeira, mas acabou encontrando algumas dificuldades que apontaram para novos problemas, complicações e adversidades que o fizeram sair em busca de soluções e a maneira que ele optou por escolher foi, certamente, a mais complexa, pois envolvia humildade, reconhecimento de suas limitações e fraquezas e reconciliação com seu pai, familiares e sociedade.

Uma história que nos faz pensar em como é fácil de nos perdermos quando somos guiados pelo impulso desprovido de conhecimento e técnica. O conhecimento facilita as nossas tarefas na luta por um sonho ou plano de vida. Por nossas aprendizagens vamos compondo um arsenal de recursos necessários para as situações adversas inesperadas ou não que compõem nossa história.

UM SONHO OU UMA VIDA?

A história do filho pródigo nos faz refletir muito sobre nossas decisões em busca de nossa realização ou da realização de um sonho ou plano. Poderíamos concluir que é importante considerar algumas orientações ou conselhos ao partirmos em busca de um objetivo, como:

1. Comunicar-se bem com as pessoas sobre seus objetivos;
2. Observar tudo o que for possível que envolve sua busca;
3. Planejar o que vai fazer, contando com algumas informações sobre possíveis riscos;
4. Estudar sobre o assunto para conhecê-lo profundamente;
5. Ser honesto consigo mesmo e com os outros sobre seus objetivos e planos;
6. Reconhecer que está errado para buscar melhorias;
7. Recomeçar quando necessário;
8. Ter humildade para reconhecer falhas e revisar as metas;
9. Buscar a ajuda necessária para alcançar o objetivo;
10. Perdoar os próprios erros, usando-os como aprendizagens para buscar os acertos necessários;
11. Ousar sair de uma situação "conforto";
12. Aceitar os fatos demonstrando sabedoria para agir quando algo inesperado ocorrer;
13. Saber ouvir;
14. Posicionar-se sempre que preciso;
15. Estar disposto para aprender constantemente.

Ao final, somos todos filhos pródigos à procura de uma oportunidade para sairmos em busca de novas aprendizagens que nos façam retornar ao lar como pessoas mais fortes, capazes de agir com sabedoria e amor, proporcionando sentimentos de felicidade e gratidão em meio aos nossos familiares. Às vezes, precisamos de um tempo fora de casa para enxergar outras possibilidades ao retornarmos.

6.

REFLEXÕES A RESPEITO DOS PASSOS APRESSADOS QUE GERAM MAIORES DIFICULDADES EM NOSSAS BUSCAS POR SONHOS E/OU PLANOS

Certa vez, um casal muito amoroso observava os filhos brincando no jardim da residência em que moravam. Notaram que o desejo de vê-los bem e de protegê-los de todas as dificuldades era inevitável, mas desafiador. Encaravam como um desafio pois tinham a consciência de que não estariam todo o tempo em condições de evitar que as tristezas alcançassem os pequenos em forma de uma queda, um machucado, falta de um doce preferido ou outra razão qualquer.

A vida é uma dinâmica onde muito pouco é previsível. A maioria dos acontecimentos necessita de um posicionamento imediato dos participantes que muitas vezes, inexperientes, acabam agindo apressadamente e as dificuldades e o surgimento de novos problemas vão colaborando para uma demora na eficácia do agir para intervir e solucionar uma determinada situação-problema.

Diante dessas circunstâncias imprevisíveis, muitas pessoas acabam se rendendo às respostas imediatas, sem uma preocupação em organizar estratégias que possam sanar um determinado problema sem causar danos que demandarão mais desgastes físicos, emocionais e mentais que poderiam ter sido evitados.

É como se a falta de estratégias articuladas com a questão a ser solucionada pudesse causar novos problemas e a situação, que de início tinha apenas um "núcleo", passasse a ter muitos outros.

Vamos colocar aqui um exemplo conhecido por muitos, que ocorre frequentemente nas instituições escolares com alguns estudantes, que é o caso do aluno que está com dificuldades em aprender uma determinada disciplina escolar e não consegue encarar que tem algo a resolver e acaba escondendo essa dificuldade da família, amigos e até dele mesmo, evitando enxergar a realidade por meio de uma proposta de fuga que pode ser percebida em uma mentira quando ele afirma que está tudo bem e que não há nada com o que se preocupar ou até mesmo em uma atitude de envolvimento e entretenimento com outras questões que alterem o foco de sua adversidade para uma série que ele esteja acompanhando ou um esporte ou qualquer outra atividade em que ele possa esquecer que há a necessidade de trabalhar para resolver algo.

Geralmente, esse estudante tem um resultado negativo e os conteúdos para trabalhos e provas tornam-se muito mais extensos, tornando o problema maior e mais complexo.

Essa atitude de procrastinar algo deixando para depois pode cobrar posturas ainda mais trabalhosas na execução de um plano de ação que intervenha no problema como pode ocorrer com esse estudante com dificuldades. Ao evitar a busca de estratégias em meio a uma situação como essa, temos algumas situações que podem ocorrer em um fluxo de tempo muito rápido:

- O conteúdo não compreendido fica mais difícil a cada aula;
- O estudante pode perder totalmente o foco durante as aulas, pois seus pensamentos e preocupações podem levá-lo a outros assuntos;
- Com medo de buscar soluções para a aprendizagem do conteúdo em dificuldade, o aluno pode intensificar seu medo e silêncio durante as aulas, prejudicando ainda mais seu progresso;

UM SONHO OU UMA VIDA?

- O resultado acaba sendo negativo e representado por notas muito baixas que prejudicam a autoestima do estudante;
- O conteúdo em que o aluno está com dificuldades acaba sendo pré-requisito para outros conteúdos, assim, ele fica mais alienado a cada dia e sente-se sem condições de acompanhar as próximas explicações do professor;
- Ocorre uma desmotivação para com outras disciplinas escolares e o sentido da escola adquire um outro significado que pode ser negativo e colaborar para um desânimo maior com relação aos estudos;
- Uma dificuldade pontual transforma-se em uma reprovação.

Já o estudante que tem uma atitude contrária à de procrastinação e busca rapidamente por uma solução é fortalecido por seus próprios atos e resultados, tornando-se mais autônomo e preparado para as próximas adversidades que surgirão em sua vida. Ele percebe que a questão foi solucionada e ganha mais coragem para novos enfrentamentos não apenas na escola, mas em muitos outros segmentos.

Outro dia, havia a seguinte mensagem escrita em um cartaz no adesivo de um carro que trafegava pelas ruas da cidade de Curitiba: "Um passo de cada vez!". Há nessa mensagem muito a ser considerado. Diante da mensagem desse adesivo e dessa história das dificuldades enfrentadas pelo estudante, podemos sugerir que é extremamente importante dar o primeiro passo. Mas qual seria o primeiro passo? O primeiro passo seria perceber o problema a ser resolvido. Ao enxergar o problema, podemos buscar meios eficazes de solução. Esse primeiro passo deve ser dado com calma e atenção, pois, agindo dessa forma, a probabilidade de encontrar uma solução sem muitas consequências negativas é maior.

Quando agimos apressadamente acabamos desencadeando mais situações adversas e a solução parece inatingível e ao percebermos que estamos cada vez mais distantes da solução do problema perdemos as sensações de entusiasmo e a alegria abrindo espaço para sentimentos como tristeza, impotência e depressão.

Sabendo que as preocupações relacionadas às dificuldades em agir imediatamente diante de uma situação adversa são encontradas em muitos segmentos da vida além da fase escolar e passando o foco reflexivo para a ansiedade e pressa em resolver ou conquistar algo em nossas vidas, pensemos em quantas atitudes ineficientes são desenvolvidas por não mantermos a calma necessária para estruturar um plano de ação.

Um casal que apressadamente decide pelo casamento sem esperar pelo tempo do namoro e noivado para um conhecimento maior um do outro e dos familiares corre grandes riscos de enfrentarem mais problemas que um outro que estabelece vínculos de convivência usando o período no namoro e noivado antes do matrimônio.

Decisões apressadas podem gerar consequências que tragam um alto nível de ansiedade, tristeza e desmotivação.

Certa vez, um casal que estava se conhecendo pela internet resolveu marcar o primeiro encontro após uns sete meses de interação on-line. O rapaz de uma cidade grande e a moça de uma cidade pequena do mesmo estado, mas há aproximadamente 600 km de distância um do outro optaram pelo momento de se conhecerem pessoalmente na cidade do interior para que ela estivesse mais segura e satisfeita. Ambos haviam agido de forma coerente e verdadeira no que diz respeito a apresentação de imagens e informações pessoais o que criou uma grande harmonia e bem-estar no momento do primeiro encontro. Porém`, ao constatar que as condições de vida da jovem eram bastante precárias e que a família não oferecia resistência alguma para que os dois passassem a morar juntos, decidiram viver uma vida em comum juntos na cidade grande. Assim, a união desse casal

UM SONHO OU UMA VIDA?

começou de maneira rápida, despreocupada e sem passar pelas etapas do namoro e noivado.

Existem países em que as pessoas se casam sem se conhecerem direito ou namorarem por longos períodos, mas, aqui no Brasil, a cultura é diferente, geralmente namoram por um certo período para se conhecerem e conhecerem as famílias, decidem ou não pelo noivado e casamento e, assim, iniciam uma nova família.

Voltando ao casal do qual estávamos comentando, após a decisão de morar juntos ter sido tomada, aconteceram muitas situações adversas que demandaram grandes desgastes emocionais. Ele trabalhava e estudava enquanto ela ficava em casa cuidando das tarefas domésticas e já de início houve algumas divergências em função da moça não ter o hábito de dedicar-se às atividades do lar e de sentir-se insatisfeita por ficar o dia todo sozinha sem alguém para conversar. Após algumas discussões chegaram à conclusão de que ela deveria fazer algo mais além das atividades da casa, mas as finanças na vida dela nunca foram tão boas e ela apreciava a cada dia mais as possibilidades de ficar em casa desfrutando de algumas "mordomias" que nunca havia tido em sua vida.

O casamento chegou ao fim pouco tempo depois, pois as ofensas e brigas passaram a ser rotineiras para esse casal que apressadamente tomou a decisão de viver juntos. Mas a descoberta de uma gravidez acabou unindo o casal novamente.

Essa família passou por vários momentos de adversidades que poderiam ser evitados, mas as decisões precipitadas sem um plano de ação que priorizasse todos os envolvidos e tornasse a convivência familiar harmoniosa e feliz tornou inevitável uma separação litigiosa com brigas homéricas, decepções e grandes desgastes emocionais.

Decisões apressadas podem causar danos que serão difíceis de serem corrigidos, por isso, é importante observar bem a situação e pensar a respeito das decisões a serem tomadas.

Não devemos esquecer que as situações adversas farão parte da vida de todas as pessoas, como perdas de familiares, problemas financeiros; indecisões relacionadas à profissão; doenças; moradia; desemprego; questões relacionadas aos filhos etc. Mas essas situações servem para nos fortalecer e nos ajudar a evoluir pessoalmente podendo responder às situações adversas de maneira mais equilibrada e sensata, proporcionando cada vez menos danos ou consequências negativas para nós mesmos e para as demais pessoas com as quais convivemos.

Em muitas situações não percebemos que cada ação gera uma consequência futura para nós mesmos e para muitas pessoas a nossa volta e, com o passar do tempo, vamos amadurecendo e tomando ciência de que não estamos sozinhos em praticamente nada nesse mundo, tudo e todos a nossa volta fazem parte da dinâmica que nos envolve por mais que não percebamos isso.

Vamos lembrar do momento em que o casal que comentávamos anteriormente decidiu-se pelo matrimônio. Ao optar pela constituição de uma nova família devido ao fato de haver um bebezinho a caminho, provavelmente sem a percepção da realidade de que muitas vidas estariam envolvidas nessa decisão, acabaram sim interferindo de alguma forma na vida dos demais familiares, seja por propiciar a eles uma emoção de preocupação ou desejo de sucesso e felicidade. Também podem ter colaborado para o surgimento de algumas emoções na figura de pessoas amigas que se envolveram de alguma forma na situação, aconselhando, ajudando ou até mesmo pensando nas possibilidades de que o casal teria a partir da união. Até mesmo as relações no meio profissional interferiram e interagiram de alguma forma com o casal.

O que percebemos é que estamos uns ligados aos outros por mais que acreditemos estar sozinhos em muitas situações.

Quando decidimos algo apressadamente, corremos o risco de colaborar ativamente para algumas situações adversas que criarão demandas para solução em nossas vidas, mas também nas vidas de muitas pessoas que interagem conosco.

UM SONHO OU UMA VIDA?

Ao decidirmos por um casamento, de maneira apressada, sem a certeza dos nossos sentimentos, podemos trazer situações de sofrimento para nós mesmos, para nosso parceiro, para nossos filhos, familiares e amigos, pois na dinâmica da vida nunca estamos sozinhos e nossas ações causam interferências ou reflexos em outras vidas também.

É sabido que todo ser humano terá situações adversas a resolver para benefício de seu desenvolvimento durante a vida, mas é importante pensar, planejar e prever antes de decisões tão importantes como casamento ou escolha da profissão para, assim, causar menos impactos negativos nas vidas de outras pessoas e na sua própria.

Outro dado importante a ser mencionado, considerando a história do casal, é a questão da busca individual por seus planos e/ou sonhos. Casar com alguém que amamos e mantemos ideias e planos em comum torna a jornada mais harmoniosa, pois serão duas pessoas unidas com planos em comum.

Dessa forma, os dois deverão estar verdadeiramente juntos em suas buscas, mas com ações individuais onde um terá uma escolha profissional e outro, provavelmente, uma outra escolha, unidos por objetivos em comum. Quando há a constituição de uma nova família considerando que os objetivos e planos devem ser similares, mesmo cada uma das partes se envolvendo em decisões e ações pessoais, o foco continuará sendo o mesmo e as chances de sucesso são muito grandes. Mas, quando não existem objetivos e sonhos semelhantes, e o casal está muito envolvido motivado apenas pela paixão, no início a união parecerá uma boa ideia, mas com o passar do tempo, as divergências, insatisfações e possíveis brigas poderão trazer sentimentos como descontentamento e tristeza que determinarão o fim do relacionamento em meio a uma sucessão de adversidades que afetam não somente o casal.

Exemplos de atitudes que podem favorecer o bom relacionamento entre os casais:

1. Buscas individuais e para o casal — pessoas que buscam realizar seus planos individuais e coletivos tendem a ser mais felizes e motivadas;
2. Comunicação eficiente em que cada um procure deixar claro o que quer para o outro;
3. Perdão constante;
4. Foco na manutenção da família;
5. Amor constante representado por meio de atitudes de tolerância e afetos;
6. Gerenciamento dos recursos financeiros;
7. Tempo para diálogo em que os envolvidos estejam dispostos a comunicar claramente o que desejam;
8. Tempo para lazer;
9. Priorização para as pessoas da família (núcleo familiar);
10. Cuidado de si mesmo e preocupação em ver o outro bem e feliz;
11. Assumir o papel de responsabilidade para com a manutenção e bem-estar da família;
12. Cultivar ações individuais que proporcionem maior satisfação e alegria, pois isso irá refletir positivamente em sua vida e relacionamentos;
13. Pensar antes de falar com o cônjuge e filhos para não causar danos ou mágoas;
14. Usar palavras de incentivo para que os planos individuais sejam valorizados e apoiados;
15. Buscar por atitudes e atividades coletivas que fortaleçam as relações familiares.
16. Estar disponível para o outro.

UM SONHO OU UMA VIDA?

Favorecer o bom relacionamento é compromisso de todos, mas muitas vezes as pessoas ficam na espera de que essa responsabilidade seja do outro e coloca-se como vítima de uma determinada situação. Sugerimos que essa posição de vítima seja desconstruída para que todos estejam juntos em busca de soluções. Quando acreditamos que o problema que temos é de responsabilidade de uma outra pessoa acabamos não buscando por soluções e, consequentemente, não amadurecendo para as técnicas que nos coloque em uma situação de maior felicidade e bem-estar nos relacionamentos.

Alguns pensamentos e ideias que surgem dentro de nós que nos posicionam como "vítimas" e o outro como um "vilão" servem apenas para bloquear uma ação que poderíamos ter para trabalhar em busca de uma solução perante a adversidade. Então, interessante seria se conseguíssemos estar aptos a nos colocar como responsáveis por tudo o que nos diz respeito, pois assim fica óbvio que somos responsáveis por buscar ações que solucionem as situações adversas que surgirem em nossas vidas.

O casamento é nosso grande investimento de vida. Por meio dele podemos construir nossa família, nosso lar, nossos relacionamentos familiares, nossa rede de afeto que possivelmente nos apoiará nos momentos de dificuldades e doenças, entre muitas outras construções possíveis provenientes dele. Analisando o casamento com importância e significado devemos estar disponíveis para depositar nossa melhor energia a fim de garantir seu fortalecimento e resistência apesar das inúmeras situações adversas que surgem para serem superadas e proporcionar um amadurecimento e crescimento entre as pessoas envolvidas pelos laços familiares.

Quantos reclamam de um casamento "malsucedido" por terem contraído matrimônio de maneira apressada e sem medir as consequências? Porém, mesmo reclamando não realizam ação alguma para conquistar uma situação diferente para si mesmo e para sua família. É claro que existem situações em que a proposta de ação ideal seria a dissolução do matrimônio para garantir a felicidade e o bem de todos os envolvidos, mas sabemos que muitos casamentos poderiam ser recuperados se o casal procurasse juntos estratégias e planos restauradores tomando como ponto de partida que o esposo e a esposa não são "vítimas", mas sim pessoas repletas de características e ideias que ora se assemelham ora se diferem. Marido e mulher poderiam agir escutando com atenção o outro para buscar meios em que as buscas de cada um sejam respeitadas, porém os planos familiares em comum gerando maior satisfação e felicidade.

Um conselho que já ajudou muitos casais é saber escutar com atenção a outra pessoa e procurar atender o que for possível ao perceber que isso ajudará a obter uma relação mais nutrida e forte. Também é importante falar claramente o que necessita, o que sente e o que procura para que outro compreenda. A comunicação é um canal que pode beneficiar e favorecer os relacionamentos.

Lembrando uma situação específica, em que a esposa se sentia muito solitária ao casar apressadamente com alguém que não gostava muito de conversar. Ela trabalhava e cuidava do filho com muita dedicação e aguardava o momento em que o parceiro estivesse em casa para partilhar suas ideias, histórias e banalidades da vida diária, mas não encontrando afinidades afundou-se em meio a uma grande tristeza e, posteriormente, em uma depressão. Considerando que cada um é responsável por si mesmo e pelos seus sonhos e/ou planos, podemos perceber que ela deixou de lutar por si mesma durante muito tempo. Ao aceitar a situação e permanecer um longo período sem um plano que proporcionasse uma mudança, acabou contraindo doenças e matando suas idealizações e desejos. Mais tarde, não foi possível restaurar a relação matrimonial, mas ela buscou por ajuda para reconquistar sua alegria de viver e sair daquele "limbo" em que permaneceu durante anos. Não sabemos como seria se ela tivesse agido antes, logo ao perceber que tinha algo por resolver. Não sabemos, mas imaginamos que as possibilidades de ter sua família unida seriam muitas. Mas, também, sabemos que as responsabilidades em garantir a sobrevivência da família não estão nas mãos de uma única pessoa e sim dos dois envolvidos quando os filhos são pequenos ou quando ainda não os têm, quando os filhos nascem e crescem, também eles devem se envolver ativamente no plano familiar de harmonia e felicidade.

Reflexões sobre a história de um sonho em meio à pandemia de 2020

Desejar uma vida tranquila e confortável faz parte dos objetivos de muitas pessoas e é extremamente natural a busca por tranquilidade financeira e pelos benefícios que o conforto material pode propiciar. Mas, em meio a uma história de pandemia, algo totalmente inesperado e assustador, muitas modificações no estilo de vida das pessoas foi o resultado de crises no mercado de trabalho, crises financeiras, crises nos relacionamentos, crises emocionais e muitas outras adversidades. Essas modificações trouxeram a percepção mais efetiva de que nada é estável por muito tempo e que rompimentos com um determinado estado são acontecimentos imprevisíveis, mas que ocorrem em qualquer segmento e a qualquer momento.

Dessa forma, foi pausado o sonho de "S". Ela trabalhava com eventos há muitos anos, estava com uma segurança financeira "garantida" e as economias contavam com total conforto de maneira que seu estabelecimento estava passando pela quarta ampliação para estender o atendimento para grupos maiores de pessoas.

Porém, com a pandemia e os decretos de proibição com relação à aglomeração de pessoas, "S" parou totalmente seu trabalho e sentiu-se no dever de devolver totalmente os valores pagos para segurar e garantir um determinado evento festivo como festa de casamento; aniversário ou formatura. Ela priorizou devolver e cancelar cada um dos eventos já pagos por seus inúmeros clientes. Além desse prejuízo em seu orçamento, ela tinha a questão da manutenção dos funcionários para resolver e isso tudo aconteceu de um momento para o outro. Não sabia quanto tempo ficaria sem trabalhar e nem por quanto tempo teria que manter seus funcionários sem as entradas monetárias significativas. Ela passou de uma mulher com a vida profissional muito agitada e com curtos períodos com sua família, para uma mulher sem atividades profissionais e com todas as horas do seu dia sem o compromisso do trabalho que a ocupava há mais de 18 anos.

Passou a ficar o tempo todo em casa, sem a rotina do trabalho e sem o seu próprio dinheiro. No início foi muito difícil para ela ter que conviver com a incerteza do que iria acontecer com seus negócios, partilhar de uma nova rotina em que estava as 24 horas do dia em casa com seus familiares e sem empregada. Mas logo ela percebeu que poderia fazer algo que ao menos garantisse a permanência dos funcionários que atendiam seu estabelecimento de eventos. Usou dos equipamentos da cozinha e começou a produzir alguns alimentos devidamente preparados e higienizados para atender às pessoas sem que elas tivessem que se deslocar de suas casas. "S" sempre sonhara em ter um centro de eventos, repletos de pessoas bem-vestidas e felizes e, ao observar o lugar vazio e sem perspectivas de funcionamento, decidiu agir em busca de uma ação que pudesse dar um pouco de "vida" ao prédio. Tudo foi feito seguindo as orientações dos decretos do município em que atuava e morava e o sucesso que obteve garantiu que ela pudesse manter parte dos vencimentos de seus funcionários. Ela não teve ganhos financeiros, mas seus ganhos a deixaram feliz e realizada. Manter viva a cozinha do centro de eventos proporcionou que o nome do estabelecimento continuasse sendo citado pelas pessoas e a venda dos produtos garantiu uma ajuda parcial para manter alguns salários de funcionários fixos. A pandemia ainda se faz presente na rotina de "S" e de todos os seres humanos, mas agora de maneira que os decretos estão mais flexíveis no que diz respeito à rotina profissional das pessoas. O centro de eventos de "S" voltou a atender, de maneira diferente dos atendimentos

UM SONHO OU UMA VIDA?

anteriores, mas de forma que seu sonho segue sendo construído e reconstruído diariamente, agora com um paradigma novo, de que nada é estável e permanente e que é preciso se reinventar para manter seus sonhos vivos.

Da mesma forma que vemos as buscas dessa mulher sonhadora, temos muitas outras histórias que não tiveram tanto sucesso assim. Histórias de pessoas que tiveram que fechar suas portas de estabelecimentos comerciais para não mais abrir, histórias de empreendedores que perderam tudo o que tinham e ainda ficaram com dívidas monstruosas e histórias de pessoas que desistiram de seus sonhos.

Foram muitas as histórias, mas algo que chama muito atenção é a maneira que cada um decidi enfrentar a situação. Se permitimos que nossos sonhos sejam assassinados ou se procuramos por planos e estratégias de solução. O plano de ação é indispensável para o sucesso que se almeja alcançar e, novamente, segue um mesmo conselho de não ficar na expectativa de que alguém venha solucionar o nosso problema. Vale muito mais a pena agir como figuras ativas, participativas e responsáveis do que ficar à espera de planos alheios. Se o sonho é seu, abrace totalmente as responsabilidades para com ele sem deixar-se paralisar pelo medo.

Essa pandemia foi e está sendo um momento de muitas lutas para todos, mas são muitas as possibilidades de obter conquistas e sucesso. Logicamente, nem todos terão os resultados estimados a curto prazo, pois os enfrentamentos são significativamente árduos, mas a persistência e as estratégias e planos de ação, certamente, contarão com uma resposta positiva mesmo que a longo prazo.

Em situações em que é preciso ter um posicionamento rápido diante de uma situação-problema, como essa que vivemos de pandemia e suas consequências, caso haja muita dificuldade para buscar por uma alternativa de solução, poder contar com a ajuda de um mentor de confiança antes da decisão, é fundamental para evitar crises de ansiedade e o pânico. Junto com um mentor fica mais fácil de organizar os pensamentos e olhar cuidadosamente para a situação buscando encontrar um plano de estratégia mais eficiente que aponte um caminho ou saída para a situação. Quando a pessoa sente muitas dificuldades e não assume o controle ou domínio da situação, acaba tendo que conviver com a decisão de outra pessoa. As decisões devem ser tomadas o tempo todo em nossas vidas e o fato de não tomar uma decisão indica uma conduta ou uma decisão que é a de aceitar tudo aquilo que for decidido pelos outros. Ou tomamos o controle das nossas ações ou convivemos com ações e decisões de outras pessoas que podem não conhecer tão bem o problema como nós mesmos. O que percebemos é que ao tentar ser nulo em uma determinada situação e deixar o poder de decisão que seria seu nas mãos de uma outra pessoa, você passa a conviver com uma situação em que se coloca nas mãos de uma outra pessoa.

O ideal é que cada um de nós assuma verdadeiramente o controle de sua própria vida e isso requer que estejamos ativamente envolvidos conosco no processo de tomada de decisões para tudo aquilo que nos diz respeito. Como vou ficar neutro(a) se meus negócios, sucesso, felicidade e meu dinheiro estão em jogo? Como ficar neutro se meu casamento ou relacionamento pode ser afetado de alguma forma? A neutralidade não existe. Quando pensamos estar neutros, na verdade, estamos passando o controle e a direção das nossas vidas para uma outra pessoa que não compreende tão bem o que gostaríamos de ter como resultado.

Agora chegamos à questão-chave que se trata do "resultado". É preciso saber onde queremos chegar para tomar um caminho ou decisão. Sabendo onde queremos chegar, fica muito mais simples seguir por uma direção ou por outra. Voltamos a questão inicial deste livro, que é o que diz respeito à busca por algo que todo ser humano tem dentro de si e muitas vezes se distancia e

UM SONHO OU UMA VIDA?

se perde. Ao nos perdermos acabamos seguindo por um caminho qualquer, vivendo sem muita energia, sem sucesso e felicidade.

Quando nos sentirmos perdidos, em um determinado momento, e isso pode ocorrer com qualquer pessoa e a qualquer tempo ou idade, vale a pena voltar os nossos olhos atentos para a nossa figura na infância e sondar os nossos corações com relação aos sonhos e desejos nutridos nessa fase para com a fase da vida adulta. Frequentemente, esses sonhos da infância ficam armazenados dentro de nossa memória, e se buscarmos por eles e os encontrarmos, há uma grande possibilidade de estarmos mais conectados com aquilo que irá nos fazer realizados como seres humanos felizes.

Busque em pessoas que estão próximas a você por exemplos que apontem para o que estamos relatando aqui nesta obra. Pessoas que buscam apenas pelo dinheiro quando decide por uma escolha profissional muitas vezes não obtêm o sucesso financeiro e a felicidade tão esperada enquanto, outras que decidem por algo que "queimava" seu coração de felicidade durante a infância obtêm maior retorno financeiro, sucesso e alegria.

Dessa forma, podemos perceber que a busca por nossos sonhos da infância deve ser retomada sempre que precisarmos encontrar o que nos motivava quando éramos crianças e confirmar se nossas expectativas da infância ainda nos apaixonam no presente. Pode acontecer de percebermos que houve modificações com relação aos nossos objetivos e metas de vida e isso não deve representar problema algum, pois essas mudanças são naturais e ocorrem conosco com uma certa frequência, mas é muito importante ter claramente em nossa memória aquilo que desejamos para nós mesmos, pois assim a vida tem maior significado e fica mais difícil perdermos o foco do que diz respeito ao sentido de vida, aos objetivos e às motivações.

Sugerimos uma busca pelos nossos planos de criança, pois isso pode ajudar no processo de equilíbrio entre as nossas emoções e a razão. Quando as nossas tarefas profissionais estão atreladas aos sentimentos, fica mais prazeroso e produtivo o ambiente de trabalho e a percepção do momento presente do que se refere ao que vivemos, do que somos e do que temos é cercada de significado e sentido.

Pensemos juntos, se uma pessoa que desejava muito tornar-se uma cantora profissional durante a infância estiver vivendo as realizações desse desejo na vida adulta, possivelmente seu coração esteja mais grato e feliz, pois ela constatou que foi possível conquistar algo que a motivava quando era criança e que isso também a motiva no presente. É claro que suas constatações também podem ser diferentes, mas para a maioria das pessoas a sensação de felicidade e contentamento é muito maior que uma outra pessoa que não correu em busca da realização de seus sonhos.

A pessoa que percebe, na fase adulta, que seus sonhos de criança foram abafados pelo medo, falta de ânimo, falta de incentivo da família, acontecimentos trágicos ou situações adversas que a impediram de seguir a busca por seus objetivos pode ser afetada por um sentimento de impotência e tristeza que irão interferir em sua percepção e gratidão pelo momento presente. Existem algumas pessoas que passam muito tempo lamentando-se pelas perdas do passado e não percebem o quanto pode ser gratificante o que estão vivenciando nesse exato momento. Uma mente presa ao passado e às situações infelizes que passou, pode ser contida e impedida de seguir por caminhos que a levarão para os resultados de uma busca por sonhos e objetivos, e quando paramos de seguir pelo caminho que nos impulsiona por uma meta de vida ou concretização de algo que fora desejado, podemos acabar atrapalhando o alcance do nosso próprio sucesso e, na verdade, contribuindo para um estado emocional mais introspectivo que pode gerar abatimento e tristeza.

Quando colocamos os nossos olhos em nós mesmos, em nossos sonhos, em nossa vida, no trajeto que nos faz estar exatamente onde estamos agora percebemos que enfrentamos várias

UM SONHO OU UMA VIDA?

situações adversas, que servem para nos fortalecer e amadurecer para os próximos passos de encontro ao novo, novas situações, novas fases com dualidade, considerando que nada é uno. Não existe apenas momentos felizes em nossas vidas e isso serve para todos. Também não existem apenas tristezas. Tudo tem duas perspectivas, dois lados, duas faces, e observar o cenário da vida considerando que tudo faz parte e traz harmonia leva um certo tempo, mas ao enxergar a realidade considerando que tanto as lágrimas quanto os risos nos levam a mais perfeita e completa harmonia de vida nos damos conta de que as adversidades encontradas pelo caminho são fenômenos naturais e importantes para cada um de nós conquistar maior desenvolvimento e maturidade.

Assim como é possível aprender a falar, a apreciar o Sol e a Lua, a amar nossos pais, familiares e amigos também é possível pausar um pouco os pensamentos e rever nosso ponto de vista. A pressa em fazer as coisas ou a não execução são posicionamentos que nos atrapalham no processo.

Vejamos a história bíblica que comenta a respeito de Moisés que passou 40 anos no deserto acompanhado de um povo que vivia a reclamar e não percebia o presente com carinho e gratidão. A percepção de realidade desse povo estava nas lembranças do passado, e esse passado não fora de alegrias e contentamento, pois se fosse eles não teriam saído do Egito em busca de uma vida melhor e mais digna. Vejamos a passagem do livro de Números, capítulo 14:

> 2 Todos os israelitas murmuraram contra Moisés e Aarão e toda a comunidade lhes disse: "Quem dera que tivéssemos morrido na terra do Egito, ou perecido neste deserto! 3Por que Javé nos conduz a essa terra? Para morrermos pela espada e serem nossas mulheres e nossas crianças presa do inimigo? Não seria melhor voltarmos para o Egito?" 4E disseram uns aos outros: "Escolhamos um chefe e voltemos

para o Egito". 5Então Moisés e Aarão prostraram-se com o rosto em terra diante de toda a comunidade reunida dos israelitas. 6Josué, filho de Nun, e Caleb, filho de Jefoné, dois dos exploradores da terra, rasgaram suas vestes 7e disseram a toda a comunidade dos israelitas: "A terra que percorremos para explorar é uma terra extremamente boa. 8Se Javé nos for favorável, ele nos introduzirá nela e no-la entregará; é uma terra onde corre leite e mel. 9Mas não vos revolteis contra Javé, nem tenhais medo do povo daquela terra, pois podemos devorá-los como pão. Seus deuses protetores os abandonaram, enquanto que Javé está conosco; não os temais". 10Toda a comunidade estava a ponto de apedrejá-los, quando a glória de Javé apareceu na tenda da reunião a todos os israelitas. 11Javé disse a Moisés: "Até quando este povo me desprezará? Até quando se negará a crer em mim, apesar de todos os sinais* que realizei no meio deles? 12Eu o ferirei com a peste e o aniquilarei; mas farei de ti uma nação maior e mais forte do que eles".

Nessa passagem vemos o povo com medo do que iria acontecer, deixando de perceber que nas lutas do presente estava todo o sentido de vida deles e que se haviam deixado a vida no Egito para trás porque havia inúmeras razões para terem feito isto. Uma vida de escravidão, uma vida sem dignidade, uma vida onde eram marginalizados e ridicularizados no que diz respeito a sua cultura, história e crenças.

Mesmo sabendo que haviam, sim, sofrido muito em sua história passada debaixo do domínio egípcio, o medo do novo os amedrontava a ponto de desejarem voltar à antiga vida, e isso, possivelmente, aconteceu, por causa da tentativa de controle da situação. Acreditavam que conheciam "como era" viver no Egito e os problemas que haviam enfrentado eram "velhos" conhecidos.

UM SONHO OU UMA VIDA?

Deus tinha um plano para esse povo, de amor e abundância onde não mais seriam escravos, mas sim teriam condições de viver como sempre sonharam e buscaram. Mas o povo, ao passar pelas situações adversas, era enfraquecido e intimidado pelas inseguranças e medo. É aconselhável crer em nossos sonhos o suficiente para manter a nossa fé viva para atuar com planos que possam nos impulsionar para o resultado desejado. É interessante confiar que a busca valerá a pena e que as lutas que tivermos durante o percurso fazem parte da nossa história de fortalecimento e crescimento pessoal.

Percebemos pessoas desistindo muito rapidamente de seus planos afirmando que não têm forças para seguir com os propósitos iniciais. Essas pessoas não são fracas ou incapazes, mas passam a acreditar que não conseguirão. Sentem-se sozinhas, desanimadas, despreparadas, sem recursos suficientes para seguir com a busca e deixam de perceber o momento presente como um momento especial em que tudo está sendo construído.

Para você que está lendo este livro, vai um recado especial com relação aos planos de ação desenvolvidos para a conquista de um sonho. Este livro, escrito em primeira pessoa do plural, foi um sonho de uma menina muito humilde, aluna de uma escola pública na cidade de Curitiba, estado do Paraná, que aos 9 anos de idade comentou com seu professor de língua portuguesa que gostava muito de escrever e escutou muitos incentivos de que tudo daria certo, mas que era preciso aprender a escrever melhor para que seu sonho fosse possível. Essa menina gostou muito dos conselhos desse professor e guardou suas instruções no coração. Essa menina ficou muito tempo com seu sonho escondido na memória e no coração devido às muitas situações adversas que vivia diante de uma péssima situação econômica e dos risos e piadas de pessoas próximas quando tentava mencionar seu sonho em uma roda de conversa. Mas hoje, no ano de 2022, aos 44 anos de vida, e em meio a uma pandemia e aos rumores de uma possível Terceira Guerra mundial, desejou com muita intensidade correr atrás do tempo e fazer acontecer sua história. Não mais uma história de romance ou conto, mas uma história que possa ajudar a si mesma e as outras pessoas na compreensão de que o instante do presente é único e muito especial. É no presente que estamos vivendo, respirando, pensando, amando, sonhando, sofrendo, chorando, sorrindo, estudando, lendo, conhecendo pessoas, trabalhando e realizando milhares de tarefas, e este momento incrível em que tudo acontece merece toda a nossa honra e cuidado. Agindo no presente, certamente quando o amanhã chegar e receber o nome de presente será acolhido com um sorriso no rosto e grande alegria no coração.

Da jornada da vida, vale a pena um olhar mais amável para tudo o que estamos vivendo no "agora", pois é o único momento em que podemos atuar, construir e reconstruir nossa história. E, pensando neste sonho de uma criança que foi crescendo e amadurecendo até o momento em que ousou buscar por ações que o tornasse uma realidade, a obra, que estava sendo conduzida sem a presença mais efetiva de uma protagonista, passa agora a ser conduzida de uma forma em que a escrita esclareça um pouco acerca da escritora e possa apresentar, também, uma primeira pessoa do singular durante a narrativa.

"Eu" percebi que meu sonho de criança precisava ser revisitado e acredito que assim como eu estou lutando agora para realizá-lo, qualquer pessoa pode fazer o mesmo, basta acreditar e lutar por si mesma utilizando algumas estratégias para execução.

Eu procurei lembrar de uma grande vitória que fez com que meu coração vibrasse de felicidade e veio até minha memória a data de minha formatura. Nesse dia, eu estava radiante e meu sorriso não conseguia escapar de meu rosto. Eu havia enfrentado muitas batalhas para chegar até ali. Morando sozinha em um primeiro momento, depois com uma senhora muito amável chamada Helena, já com 77 anos de idade, contando com apoio de pessoas amigas, uma ajuda financeira de meu chefe e sua esposa como incentivo, trabalhando praticamente todos os dias da semana para manter minhas contas rigorosamente em dia em um cenário no

UM SONHO OU UMA VIDA?

qual os eventos da juventude foram deixados de lado para assumir todas as responsabilidades de minha própria vida sem medo das adversidades. Eu havia colocado uma meta em minha vida "cursar a universidade" e segui com ações que eu julgava necessárias para chegar à conclusão. Houve incontáveis obstáculos, mas o objetivo estava em meu foco, não havendo distrações e, quando o foco é mantido, não tem como não conquistar o desejado.

Ao recordar o sentimento agradável da vitória, decidi pela escrita deste livro para que todos os que tirarem um tempinho para realizar esta leitura possam perceber que realizar sonhos é possível para qualquer pessoa que estiver determinada a seguir com sua busca, articulando ideias e planos de ação, procurando pelo resultado final, mas concentrando muita energia na sequência de ações e nas práticas que levarão ao produto final.

Seguem algumas perguntas que eu fiz para mim mesma com relação a seguir com o sonho da universidade:

1. O que eu quero?
Cursar a universidade.

2. Que curso eu quero?
Direito.

3. Minhas finanças podem arcar com o curso de "Direito"?
Não.

4. O curso de Direito é essencial para mim?
Não.

5. O que eu disse que quero mesmo?
Cursar a universidade.

6. O que eu gosto muito de fazer?
Ler e escrever.

7. Qual curso seria bom para mim?
Letras.

8. Posso arcar com as despesas do curso de Letras?
Sim.

9. Qual curso irei fazer na universidade?
Letras.

10. Ao escolher esse curso estarei realizando meu sonho?
Qual é meu sonho mesmo?
Sim, estarei. Meu sonho é cursar a universidade.

Após realizar esses questionamentos vieram algumas questões a serem organizadas:

1. Onde ?
2. Como?
3. Custo das mensalidades;
4. Custo da anuidade;
5. Custo total.

E o fundamental para minha conquista foi o foco constante no que eu realmente queria. Dessa forma, quando outras ideias que não ajudariam na conquista eram oferecidas a mim eu as recusava prontamente, pois sabia que meu foco estava bem claro em minha mente.

Novamente, comentarei aqui que devemos considerar como modelo ou exemplo alguém ou alguma história que mostre que é possível e seguir a seguinte premissa: "Se aquela pessoa conseguiu, eu também posso conseguir percorrer os caminhos que levem até a minha busca".

Ao lembrar da cena do dia da minha formatura, o sabor da paz e do contentamento é muito significativo e eu percebo que

UM SONHO OU UMA VIDA?

posso realizar meu sonho antigo, guardado há tanto tempo. E, hoje, mais amadurecida, faço isso pelo amor às pessoas com o desejo de ajudá-las e encorajá-las na busca de um sonho de vida.

Todos têm exemplos de resultados que foram conquistados no passado e que podem ser visualizados com o intuito de fortalecer o presente nas buscas do "agora". Lembre-se de quando superou-se aprendendo a falar, a andar, a dirigir, como foi a luta para aprender uma língua estrangeira, a cozinhar algo, a passar em um exame da OAB, a conquistar o CRC, CRM ou o trabalho que tanto queria. Recorde essas experiências buscando revisitar as sensações daquele momento e encontre forças dentro de você mesmo no presente momento para ir ao encontro de novas buscas e novas histórias.

A vida é um verdadeiro presente, onde você e eu podemos enfrentar nossos medos, modificando comportamentos e pensamentos que nos afastam dos nossos planos e trocando-os por novos pensamentos e comportamentos que ajudem a atrair o que tanto desejamos.

Eu quero concluir esta obra! E vou concluir, indiferente às minhas quase 60 horas semanais de trabalho e demais tarefas do cotidiano. Estabeleci minha meta e correrei atrás estabelecendo um plano com ações concretas que me levem ao produto final. E, você que está comigo agora, lendo essas linhas, pode comprovar que tudo é possível se tivermos clareza do que queremos e uma sequência de práticas para a execução.

Outro dia, conversando com minha mãe, confirmei novamente a respeito de quantas mudanças significativas podemos realizar em nossas vidas indiferente da idade que temos. Ela ensinou-me a fazer uma alimentação mais saudável e nutritiva mesmo eu insistindo que minha semana seria sempre cercada de muito trabalho e pouco tempo para tais cuidados.

Percebi que, muitas vezes, estamos dando desculpas para permanecermos do mesmo jeito por medo, insegurança ou preguiça de sair da situação atual.

Quando nos tornamos mais disponíveis às mudanças, atividades que pareciam difíceis de serem executadas passam a ser vistas com mais simplicidade e entusiasmo. Confesso que modificar minha alimentação não foi algo nada fácil para mim, pois eu teimava em pensar no assunto e escolhia rejeitar que precisava mudar, mas ao perceber mais de três pessoas muito próximas comentando o mesmo assunto, decidi escutar com atenção o que estavam tentando falar.

Algo que me ajudou a modificar meus pensamentos e comportamentos foi o fato de considerar a resposta para a seguinte pergunta: "por que essas pessoas estão tão preocupadas em conversar comigo sobre alimentação saudável?". A resposta foi o que me motivou a mudar: "elas estão preocupadas comigo porque se importam em me ver bem!".

Sempre que eu percebo alguém que eu considero muito e que me considera oferecendo novas ideias que irão proporcionar uma melhoria em minha vida, procuro dar uma atenção especial para essas ideias. Nem sempre faço isso na hora, pois preciso analisar o que foi dito para tomar minha própria decisão final, mas é comum em meus diálogos voltar ao assunto e colocar-me disponível para conhecimentos novos que irão provocar mudanças em meus comportamentos e em minha vida.

Sempre que surgir uma nova ideia para você, sugiro que pense a respeito e faça uma pergunta para si mesmo: "por que estou ouvindo a respeito desse assunto?". Certamente, existem pessoas preocupadas com sua qualidade de vida e que gostam de conversar sobre assuntos diversos para demonstrar que fazem parte de sua vida. Contudo, o mais importante de tudo é que quando você está disposto a ouvir um pouco o outro, além de fortalecer os relacionamentos, acaba trazendo inovações e mudanças significativas para sua vida. É claro que existem ideias que não interessam de modo algum para você ou para mim, mas cabe a cada um de nós filtrar o que servirá ou não, deixando claro que estamos aqui para aprender mais a cada dia, mas que não acreditamos que trará algum benefício para nossas vidas aquele assunto.

UM SONHO OU UMA VIDA?

Você e eu somos comunicativos como qualquer ser humano e a comunicação deve nos auxiliar a conviver melhor com as demais pessoas e com as circunstâncias que nos rodeiam. Ao escutar as outras pessoas, é importante nos conhecer e compreender mais a respeito de nossa própria identidade. Quando nos conhecemos melhor, os nossos relacionamentos com as demais pessoas ficam mais naturais e claros e as conversas que mantemos são mais produtivas e eficazes. O que estou colocando aqui é o fato de permitir que uma outra pessoa fale sobre ela mesma sem considerar aquilo como uma verdade absoluta ou algo que o aborreça, algo pessoal. As pessoas costumam falar sobre tudo, nós costumamos fazer isso sem pensar muito a respeito das consequências. É como se cada ser colocasse para fora, em forma de palavras, aquilo que sente, que pensa ou viveu e não deveria atingir tanto o interlocutor. Cada uma das partes funciona como um mapa individual ainda inexplorado pelo outro. Pensando assim, concluímos que cada ser é único e compreende o mundo de uma determinada forma, de acordo com suas experiências de vida e sua maneira de interpretação. Portanto, ao conversarmos com outras pessoas não devemos considerar como verdade universal o que elas dizem, porque nossas vivências foram diferentes das vivências da outra pessoa e nossa forma de interpretar pode ser semelhante em alguns aspectos e diferente em outros. Cabe aqui, então, considerar uma conversa como uma maneira de trocar experiências e de aprender uns com os outros quando julgarmos que o que foi dito será interessante em algum momento da vida.

Quando agimos dessa forma, fica mais claro o que nós queremos, o que nós consideramos bom, o que será benéfico para nossas vidas e o que precisa ser desconsiderado sem que ocorram conflitos entre o emissor e o interlocutor.

A vida ficou muito mais simples para mim no momento em que compreendi que o que as pessoas comunicam diz muito mais a respeito delas mesmas do que de qualquer outra pessoa. São as experiências, opiniões, conclusões e preocupações delas mesmas transformando-se em pensamentos e palavras e não há como ficarmos tão aborrecidos ou tristes com as palavras dos outros quando compreendemos que nossas vivências e interpretações não são semelhantes. Se não são semelhantes é porque as ocorrências e adversidades da vida foram diferentes para cada um, e, sem julgamentos, podemos deixar o diálogo acontecer de maneira harmoniosa e amável. No momento, chamamos isso de "empatia".

Dessa forma, não se importe tanto com as colocações das outras pessoas e não tente convencê-las de nada. Cada um deve seguir seus objetivos, respeitando o seu caminhar e o caminhar dos demais. Agindo assim, ganhamos tempo e energia para cuidar bem de nós mesmos sem sofrimentos desnecessários e consequências emocionais desastrosas.

7.

ALGUMAS DECISÕES QUE NOS LEVAM A CONQUISTAR NOSSOS SONHOS E/OU PLANOS

Você e eu somos capacitados a tomar decisões em todo e qualquer momento, em toda e qualquer circunstância. Somos pessoas "decididas" e eu preciso afirmar aqui nesta obra essa informação de maneira que esclareça que mesmo quando estamos sem saber que atitude escolher já estamos decidindo. Decidimos seguir com nossas buscas indiferentemente dos obstáculos que encontraremos pelo caminho e decidimos abandonar nossos sonhos para aceitar outras opções que a vida vai trazendo até nós. E quando ficamos indecisos e não fazemos nada, ficando "aparentemente" paralisados pelos temores, também estamos decidindo. Ao ficar paralisados pelo medo ou qualquer outro tipo de sentimento, também estamos decidindo abandonar nossos planos. Portanto, estamos sempre fazendo escolhas para nossas vidas.

Durante muito tempo fui realizando minhas escolhas guiada por um certo temor que me paralisava, deixava-me sem confiança ou coragem suficiente para abraçar meus sonhos. Eu achava que era melhor garantir a segurança de um caminho já conhecido com velhos problemas do que seguir por um caminho totalmente desconhecido. Você se identifica comigo em algum momento da sua vida? Acredito que sim, pois em alguma situação de nossa vida já nos deparamos com uma certa insegurança para seguir correndo atrás do que tanto desejamos. Talvez você sentiu um certo medo, mas conseguiu vencê-lo e isso é bom, mas talvez você, assim como eu, deixou seus sonhos engavetados por um longo período até sentir-se preparado para agir ao encontro da realização do que tanto queria. Tudo é bom! Eu descobri que estamos em fase de desenvolvimento durante toda a nossa vida e que amadurecemos nossas ideias e atitudes e vamos vencendo vários medos e inseguranças até o momento de decidirmos lutar mais por nós mesmos no que diz respeito aos nossos sonhos de vida. Novamente, mostrarei por meio de uma parte bíblica que uma pausa, um tempo ou momentos de reflexões e superações fazem parte do processo e devem ser respeitados. Nessa história que consta em 1ª Samuel, temos uma mulher chamada Ana que decidiu conversar com Deus de coração aberto, explorando seu próprio interior e falando a respeito do seu sonho de vida durante uma oração fervorosa.

> 1 - Havia em Ramataim-Sofim um homem das montanhas de Efraim, chamado Elcana, filho de Jeroão, filho de Eliu, filho de Tolu, filho de Suf, o efraimita.
>
> 2 - Tinha ele duas mulheres, uma chamada Ana e outra Fenena. Esta última tinha filhos Ana, porém, não os tinha.
>
> 3 - Cada ano subia esse homem de sua cidade para adorar o Senhor dos exércitos e oferecer-lhe um sacrifício em Silo, onde se encontravam os dois filhos de Heli, Ofini e Finéias, sacerdotes do Senhor.
>
> 4 - Cada vez que Elcana oferecia um sacrifício, dava porções à sua mulher Fenena, bem como aos filhos e filhas que ela teve
>
> 5 - a Ana, porém, dava uma porção dupla, porque a amava, embora o Senhor a tivesse tornado estéril.
>
> 6 - Sua rival afligia-a duramente, provocando-a a murmurar contra o Senhor que a tinha feito estéril.

UM SONHO OU UMA VIDA?

7 - Isto se repetia cada ano quando ela subia à casa do Senhor Fenena continuava provocando-a. Então, Ana punha-se a chorar e não comia.

8 - Seu marido dizia-lhe: Ana, por que choras? Por que não comes? Por que estás triste? Não valho eu para ti como dez filhos?

9 - (Desta vez) Ana levantou-se, depois de ter comido e bebido em Silo. Ora, o sacerdote Heli estava sentado numa cadeira à entrada do templo do Senhor.

10 - Ana, profundamente amargurada, orou ao Senhor e chorou copiosamente.

11 - E fez um voto, dizendo: Senhor dos exércitos, se vos dignardes olhar para a aflição de vossa serva, e vos lembrardes de mim se não vos esquecerdes de vossa escrava e lhe derdes um filho varão, eu o consagrarei ao Senhor durante todos os dias de sua vida, e a divalha não passará pela sua cabeça.

12 - Prolongando ela sua oração diante do Senhor, Heli observava o movimento dos seus lábios.

13 - Ana, porém, falava no seu coração, e apenas se moviam os seus lábios, sem se lhe ouvir a voz.

14 - Heli, julgando-a ébria, falou-lhe: Até quando estarás tu embriagada? Vai-te e deixa passar o teu vinho.

15 - Não é assim, meu Senhor, respondeu ela, eu sou uma mulher aflita: não bebi nem vinho, nem álcool, mas derramo a minha alma na presença do Senhor.

Essa história mostra o quanto é importante falar a respeito dos nossos sonhos com aqueles que conquistaram e merecem nossa confiança. Quando nos sentirmos perdidos e ridicularizados que possamos ignorar os comentários negativos das outras pessoas, pois já comentamos aqui neste livro a respeito das comunicações. Cada um comunica de acordo com os pensamentos próprios e modelos e conclusões individuais e isso diz muito mais a respeito do locutor do que do receptor.

Quando sinto ansiedade e outros sentimentos como angústia e insegurança para fazer algo ou com relação a algo que preciso decidir, costumo falar com o Senhor, falo sobre o assunto inúmeras vezes, para sentir as emoções que aquele meu sonho pode causar em meu ser e vejo essa experiência como uma resposta de Deus. Quando meu sonho, deixa-me em aflição, eu decido por esquecer aquele assunto, pois compreendo que é uma resposta de Deus e que é melhor esperar por novas ideias e rever meus planos, mas quando meu coração se alegra e há um sentimento de amor e possibilidades, eu entendo como uma resposta de Deus, dizendo para eu seguir com meus planos, pois serão abençoados. Sempre procuro visualizar se os meus interesses são bons aos olhos de Deus. Quando nossos sonhos e planos de vida não afetam negativamente as demais pessoas e são bons, saudáveis e coerentes com os ensinamentos do nosso Criador, certamente ele terá grande sucesso.

Um exemplo dessa resposta de Deus em minha vida que pode ajudar alguns leitores em uma reflexão foi o nascimento do meu filho. Eu pedi por uma resposta que me ajudasse a ver mais significado em minhas buscas e o Senhor mandou meu filho. Ter alguém para cuidar, amamentar e amar foi a melhor resposta de Deus às minhas orações. Eu não fiz o pedido abertamente a respeito de uma gravidez, mas abri meu coração conversando com Deus a respeito de algo que fosse me transformar e dar mais significado para a minha vida.

Mais tarde, descobri que meu filho é uma história de milagre, pois meu corpo não teria condições de ser mãe novamente devido a um problema de saúde.

Tudo é milagre! Acordar é um milagre! Poder andar, falar, cuidar de alguém, amar alguém, ser amado. São pequenos mila-

UM SONHO OU UMA VIDA?

gres que nos abraçam todos os dias e nossos planos e sonhos nos permitem enxergar melhor esses milagres, pois eles ficam mais nítidos para nós.

Deixe-se envolver pelos milagres que já viveu e que continua vivendo. Procure ver o abraço do Senhor em sua vida e visualize na memória quantas situações que você enfrentou e parecia que não conseguiria vencer e venceu. Quantas lágrimas você derramou e depois o riso surgiu em seu rosto e a emoção desse riso foi muito melhor e significativa que a lágrima. Sua vida e a minha são únicas e precisamos compreender que cada dia aqui é uma oportunidade de sonhar e buscar por estratégias para a vitória. Vencer os medos, vencer a depressão, vencer a ansiedade, vencer uma corrida, vencer no trabalho, vencer na saúde, vencer nos relacionamentos, enfim, em tudo o que depositarmos nossa melhor energia e nossa dedicação.

Nessas trajetórias diárias temos que fazer nossas escolhas, o tempo todo temos escolhas a fazer, seja uma escolha para o cardápio do almoço, escolha para a roupa que usaremos, escolha para o que fazer, o que dizer, como fazer, entre muitas outras. Essas escolhas podem ser chamadas de decisões. As nossas decisões vão construindo nossa história. E, quando tivermos dificuldades em decidir, podemos nos ajoelhar e pedir para que Deus nos auxilie, pedir para Deus escolher o que for melhor para nós e, certamente, a resposta de Deus virá. Eu sou prova disso e posso assegurar que entregar nas mãos de Deus os nossos planos e sonhos ou as decisões é um ato de entrega que também gera atitudes de nossa parte. Dessa forma, não estou relatando que quando entregamos algo nas mãos do criador, deixamos de participar no processo de decisão. Na verdade, estamos orando e solicitando participação divina naquilo que traz ansiedade ou dúvidas e aguardando por uma demonstração de que estaremos agindo da melhor maneira para nós e para o outro. Sempre que aguardamos pelas orientações do criador, nosso estado emocional pode alcançar uma harmonia coerente com nossas necessidades para uma tomada de decisão mais favorável ao sucesso.

Quando entregamos as decisões para o Senhor, devemos perceber que as situações adversas aparecerão da mesma forma que nos momentos em que pensamos que decidimos sozinhos, mas nossa força para o enfrentamento deve ser aplicada em tudo também. É nossa responsabilidade agir cooperando para que o cuidado de Deus se manifeste e o nosso sucesso seja evidenciado.

Quando Ana abriu seu coração ao Senhor, ela fez uma entrega sem reservas, falou com o Senhor de todo o seu coração, aceitando que em muitos aspectos ela não conseguiria agir, mas no que estivesse em suas mãos seria feito. Devemos compreender que nunca estamos inertes no que diz respeito à nossa vida. Somos os principais responsáveis pelas ações que resultarão em algo como consequência. Quando, em uma situação de desemprego, ficamos à procura, saindo de casa, batendo na porta de empregadores oferecendo nosso trabalho, realizando estudos ou cursos de aperfeiçoamento e enviando nosso currículo estamos tendo uma atitude que trará um resultado, um produto final, um resultado. E, quando estamos na mesma situação de desemprego e ficamos em casa, dormindo um pouco mais, esperando que alguém nos procure caso precise, desinteressados em cursos ou aperfeiçoamento também estamos apresentando uma atitude que trará uma resposta, uma consequência. Por isso, não é prudente nos enchermos de queixas e reclamações para com os nossos resultados, pois foram construídos por nós mesmos.

Logicamente, existem situações em que nos sentimos um pouco inseguros e desprovidos de forças para atuar significativamente em nossas vidas, mas compreendamos que mesmo nessas fases estamos atuando, pois tudo o que fazemos gera uma consequência para nós mesmos.

Pare, agora, por um, dois ou mais minutinhos e pense em quantos resultados você consegue se visualizar como o maior responsável. Faça isso sem peso no coração ou dores de arrependimento, pois, assim, sua reflexão fica melhor para uma possível mudança de atitude.

UM SONHO OU UMA VIDA?

Pense que suas decisões e escolhas podem ser modificadas o tempo todo. A pessoa que eu era ontem, já não sou mais hoje. A cada novo dia podemos ter novas atitudes frente às adversidades da vida.

Há alguns anos eu não via as coisas dessa forma. Eu enxergava minha vida de maneira totalmente diferente. Colocava-me em uma situação de vítima do destino onde as outras pessoas eram sortudas, felizes e conseguiam resolver seus problemas enquanto eu estava em desvantagem. Demorou um pouquinho para eu compreender que sempre fui vitoriosa e que sou eu e mais ninguém que torna possível meus sonhos e meu sucesso em todos os segmentos.

Observe algumas esferas em que podemos ser agentes transformadores da nossa própria história:

- Família: o sucesso de minha família também depende de mim, da paciência que eu devo apresentar para comigo mesma e para com as demais pessoas, do amor que eu devo dedicar no meio familiar e das relações afetuosas em que a compreensão e o perdão devem ser constantes em minhas ações.
- Trabalho: o sucesso em meu trabalho depende de minhas atitudes em corrigir o que for preciso para melhorar minhas técnicas e estratégias no ambiente profissional.
- Relacionamento amoroso: sou eu que primeiramente faço meu melhor, tentando dar atenção necessária para a pessoa amada de tal maneira que ela perceba que estou ao seu lado em todos os momentos e que somos parceiros e não adversários em nosso acordo matrimonial de ser um para o outro.
- Viagem: sou eu que tenho que decidir sobre o local que quero ir, como ir, com quem ir e fazer a reserva financeira, sozinha ou não, necessária para que a concretização daquele sonho de viagem ocorra.
- Outros segmentos.

SUELI SANTOS SCREMIN

Nossa vida está literalmente em nossas mãos e é importante termos consciência plena desse fato. Há quem possa dizer que isso não seja verdade e que nada pode fazer como protagonista de sua própria história, pois os acontecimentos inesperados vão direcionando os próximos acontecimentos. Penso eu que a vida é de cada um e as escolhas são individuais por mais que acontecimentos inesperados passem a interferir na organização de planos e concretização de ideias. As adversidades com certeza aparecem e fazem parte da história de cada indivíduo. Ninguém está livre de situações adversas, mas cada um de nós fará suas escolhas e irá direcionar sua trajetória de vida por um caminho ou por outro. É como se cada um de nós fosse construindo seu próprio manual com as escolhas que nos dispomos a fazer para nós mesmos. Conhecemos histórias de pessoas que passam por uma situação de perda muito grande e agem de maneira positiva, buscando superar-se e reconstruir-se. Enquanto outras não estão dispostas a fazer algo para reagir àquela situação. E, como citamos anteriormente, mesmo quando pensamos que estamos neutros e que não estamos decidindo nada, estamos, sim, fazendo uma escolha para nossa história de vida. É nossa responsabilidade cuidar de nossas escolhas e de nossas vidas, pois ela é integralmente nossa. Não há como modificar uma situação adversa sem ter a disposição de agir para o enfrentamento e a superação. Um dos meios de agirmos positivamente para obter sucesso é o estabelecimento de uma meta de vida, pensando em como queremos estar daqui alguns dias, meses ou anos. Visualizando o que queremos, fica mais fácil buscar por um caminho que nos leve ao resultado desejado.

Algo a ser observado em nossas vidas é que nada vai modificar sem uma intervenção. Lembro-me de que um dia escutei que até mesmo as pedras sofrem modificações com o passar do tempo e com as interferências naturais e humanas que ocorrem com elas. Então, não é prudente desejar permanecer em um determinado estado sabendo que nada é uma constância. É como se a

UM SONHO OU UMA VIDA?

cada instante algo novo e inesperado adentrasse a nossa história e interferisse de alguma forma em nossa jornada.

Mesmo quando estamos em uma situação favorável e estável que alguns denominam de situação "conforto" há de considerar que nada permanece igual e que mesmo quando desejamos permanecer bem, estável financeira, ou física, ou emocionalmente temos que traçar metas de atuação para que a conservação desse estado seja alcançada. Quando vemos uma pessoa em um relacionamento duradouro, transmitindo felicidade, amor e bem-estar, podemos ter a segurança de que ali existe um trabalho incansável e diário para a preservação da conquista tão idealizada por muitos. Algumas pessoas não fazem nem ideia de todo o esforço por trás de uma situação constante de sucesso. No segmento profissional seria da mesma forma, há uma luta para a conquista seguida de lutas pela permanência do estado de prosperidade profissional.

Vamos citar algo muito simples: quando desejamos uma pedra de gelo para colocar em uma bebida que tomamos todo início de noite ao voltar do trabalho, temos que colocar a água na forminha e deixar no congelador e quando essa forminha estiver vazia, devemos repetir o processo. Nada permanece igual para sempre e é fundamental pensar nisso, para tomarmos consciência de nossa história e de que somos responsáveis diretamente pelo que desejamos. Estamos verdadeiramente dispostos a agir como guerreiros, lutando continuamente por nossa história de vida?

Pense um pouco sobre isso. Não basta desejar algo sem colocar em pauta os sacrifícios que você terá que fazer e as batalhas que você terá que enfrentar para atingir sucesso e felicidade constante naquilo que você determinar como sonho ou objetivo para sua história.

8.

DECIDA POR VOCÊ!

Inicie o processo de decisão de mudança de vida refletindo a respeito do que você quer fazer por você mesmo que torne a vida mais significativa e feliz para você e para as pessoas com as quais se relaciona. Você está disposto a assumir total responsabilidade por sua vida? Você consegue compreender que a vida está em constante movimento e que é preciso ficar constantemente disponível para agir em busca de soluções para os problemas que vão surgindo?

Como você estava há mais ou menos cinco anos? E como você deseja estar daqui a cinco anos?

Após essa reflexão, caso continue aqui comigo nesta leitura, peço que escreva a respeito dos seus sonhos de vida. Pense se há algum sonho do passado que se encontra adormecido assim como eu comentei a respeito do meu ou se há algo novo mexendo com suas intenções e emoções, algo que cativou seu interesse e fez com que seu coração despertasse para uma possível concretização. Escreva apenas um plano ou sonho para sua vida, não mais que um. Quando focamos em uma coisa só fica muito mais fácil de buscar técnicas e estratégias para a conquista do que desejamos.

_____

_____

_____

_____

Não se preocupe se não conseguiu pensar em qual seria o seu sonho. Prossiga com a leitura e, no momento em que tomar consciência daquilo que motiva seus pensamentos e emoções, escreva sua resposta. É importante que você escreva, pois essa ação ajuda a fixar em sua memória o que você verdadeiramente quer. Não fique preocupado(a) com o seu plano ou sonho. Lembre-se do que eu comentei anteriormente a respeito de pessoas que encontramos pelo caminho que acabam rindo, debochando ou desrespeitando sonhos de outras pessoas. Isso também faz parte das adversidades que encontramos durante nossa jornada de autodescoberta e é muito comum encontrar esse tipo de situação e ter uma certa dificuldade para nos abastecer das armas eficientes para a batalha.

Houve muitas batalhas em minha vida que foram procrastinadas porque eu não fazia ideia de como defender-me para prosseguir, chamo isso de imaturidade. Eu era imatura naquele momento e necessitava de um conhecimento maior a respeito da situação para compor meu acervo de armas. Não há problemas em aguardar um pouco mais, em preparar-se melhor ou em esperar por um conhecimento sobre aquela situação para depois agir. Todos têm um tempo próprio para o amadurecimento. Às vezes percebemos alguém com mais determinação e preparo para atuar diante de uma situação e olhamos para nós mesmos nos sentindo menos que o outro ou até mesmo impotentes. Decida por amar todas as suas versões, isso me ajudou muito, pois nós não somos do mesmo jeito por muito tempo. Às vezes, mudamos de opinião, de ideia, de preferência, de humor, entre tantas

UM SONHO OU UMA VIDA?

outras mudanças que apresentamos cotidianamente. Amando nossas versões, sejam elas maduras, imaturas, consideradas por nós mesmos e pelos outros como força ou fracasso, podemos passar pelas situações sem muitas cobranças, compreendendo que estamos nesse mundo em constante evolução e que haverá outras situações e momentos em que estaremos prontos para agir diferente diante de uma situação igual ou semelhante. Vamos exercitar essa percepção agora?

Procure em suas lembranças por um momento em que você ficou confuso (a), inseguro (a) e sem saber ao certo o que fazer.

Conseguiu lembrar de um momento assim? Pode escrever aqui um pouco sobre esse momento?

_____

_____

_____

_____

_____

_____

_____

Agora, imagine se essa situação ocorresse hoje, neste exato momento, como você iria agir hoje diante da mesma situação?

_____

_____

_____

_____

_____

Certamente, haveriam muitas mudanças diante de um mesmo acontecimento, não é mesmo? Essas mudanças ocorrem em nossos pensamentos e mundo interior e em nossas ações diante dos fatos.

É muito importante perceber o quanto estamos em um caminhar permanente para a evolução individual e coletiva. É como se fôssemos como uma criança diante de suas descobertas da vida e o nosso comportamento diante das nossas falhas deveria ser analisado na brincadeira, com um sorriso, como fazem as crianças. Ou imaginar que o Criador esteja aqui nos abraçando indiferente das consequências de nossas ações. E, com um choro, nosso corpo sentir-se abraçado e tranquilizado por algumas palavras de carinho, incentivando-nos para não desistir.

E, na verdade, hoje olho para mim mesma e para as demais pessoas dessa forma descrita, como crianças grandes. Seres humanos em fase vitalícia de aprendizagens e descobertas, filhos de um único Criador paciente e amoroso, conscientes de que os erros e os acertos devem ser encarados com amor e perdão, sem muitas cobranças e sem muitas guerras internas.

Muitas vezes travamos um conflito interno no qual nós mesmos somos nosso inimigo e tiramos o nosso direito de errar e de acertar sem grandes julgamentos, criando feridas em nossa alma.

Hoje em dia observo uma frase que os jovens estão usando muito em suas conversas: "quem nunca?" e penso dessa mesma forma. Dê a você mesmo todo o direito de errar e acertar em seu processo de evolução em busca de tornar-se um ser humano melhor para si mesmo e para os outros que o cercam, logicamente. Mas permita-se errar e acertar na caminhada da existência. Permita isso a você mesmo e permita isso aos outros. O amor nasce

UM SONHO OU UMA VIDA?

nessa fase e pode surpreender suas convicções relacionadas às descrições anteriores para amor.

Não existem palavras que descrevam o sentimento de amor com o seu real merecimento. O que posso afirmar hoje é que o perdão, a paciência e a aceitação me levaram a conhecer uma das versões do verdadeiro amor. O amor por mim mesma e o amor pelo outro. Hoje, posso olhar para as pessoas e compreender suas atitudes sem o peso principal do julgamento que era costumeiro. Posso olhar para mim mesma e rir um pouco das minhas falhas constantes e entender que vou evoluindo aos poucos e em meu ritmo próprio e que isso é estar vivo e inteiro para a vida.

Ainda não descobri tudo sobre o amor, na verdade, tenho plena certeza que descobri muito pouco e que esse pouquinho que eu sei já está causando muitas mudanças em meu comportamento e em minha vida e desejo muito que este livro possa ajudar pessoas a buscarem curar suas feridas, a procurar olhar para si mesmas com os olhos do perdão, a compreender que nunca fracassou e que dentro de sua realidade fez e está fazendo o possível para enfrentar as adversidades da vida e buscar por seus sonhos/planos/objetivos.

Quando fiz o apelo para que você decidisse por você foi com o intuito de que pudéssemos otimizar um tempo para refletir a respeito de nós mesmos e nossas buscas. Parar um pouco e decidir olhar para dentro e buscar por estratégias que nos façam perceber nossas evoluções individuais e superar questões necessárias a serem enfrentadas para que os nossos objetivos sejam reconstruídos primeiramente em nossas mentes e posteriormente materialmente em ações e acontecimentos faz toda a diferença em nossa história.

Muitas vezes, com a correria diária, nossos pensamentos e atitudes estão focados nas necessidades de outras pessoas ou na demanda do mundo moderno e isso, logicamente, faz parte da rotina de qualquer indivíduo, mas é um modelo padrão que pode e deve ser desconstruído para que os seus planos e os seus interesses e sonhos tenham a oportunidade de emergir e ganhar espaço para uma real concretização.

Decidir por você é garantir que suas lutas sejam enfrentadas e que seus pensamentos estejam focados no que vai proporcionar uma mente flexível às possíveis alterações em padrões de vida para que a vide ganhe maior sentido e significado para si mesmo em primeiro plano e, posteriormente, isso possa ser estendido às demais pessoas do seu círculo de convivência.

Ao manter o foco em algo que você possa fazer no momento presente para melhorar sua vida e proporcionar bem-estar para si mesmo e outras pessoas você acaba abandonando pensamentos negativos e ganhando forças para atuar nas resoluções de situações adversas que surgem inesperadamente.

Lembre-se de manter a mente no presente, no momento do agora, pois isso irá ajudar na busca por realizações pessoais, individuais e coletivas que trarão maiores benefícios à sua saúde e na construção de uma vida plena de felicidade e satisfação.

Isso não quer dizer que você não enfrentará problemas ou dificuldades, mas será uma das suas maiores armas no combate às adversidades.

Então, decida por você! Decida por ter uma vida de qualidade, uma vida na qual você possa se visualizar como agente transformador de sua própria história, uma vida em que não há fracassos, mas apenas erros que servem para serem analisados e apontar um outro caminho a ser seguido, decida por focar em si mesmo, pois a cada dia você pode fazer suas escolhas buscando melhorar o que for preciso para conquistar seus objetivos e sonhos.

9.

ACALMAR A MENTE PODE SER UMA GRANDE ESTRATÉGIA PARA ESCAPAR DA ANSIEDADE QUE SUGA SUA ESSÊNCIA

Quando estamos cansados, sobrecarregados e dominados pelo sentimento de estresse nossos pensamentos vão sendo sugados pelas necessidades de uma rotina que nos deixa sempre para depois. É como se fôssemos controlados pelas obrigações cotidianas e não tivéssemos voz para expressar nossas próprias demandas pessoais.

A mente acaba trabalhando o tempo todo em uma rotina de atividades que não identificam quem você verdadeiramente é. Suas responsabilidades parecem que necessitam de maior tempo do que aquele que você dispõe e o sentimento de impotência em função de tempo insuficiente pode começar a causar grande nervosismo, aborrecimento, estresse e ansiedade.

Lembro-me de uma pessoa que estava ficando doente e não conseguia nem sequer cuidar com atenção de sua própria saúde. Seu casamento foi sendo esmagado pelos compromissos do trabalho que pareciam não ter fim e seus relacionamentos pessoais e familiares eram um fracasso total. Quando questionado a respeito do que estava acontecendo, afirmava que nada acontecia, mas que era uma pessoa muito ocupada. Um pai ocupado demais para os filhos, um marido ocupado demais para a esposa, um filho ocupado demais para sua mãe, uma pessoa com muitas responsabilidades e muitas contas para pagar era o que ele repetia que era. Esse homem, ainda muito jovem, parecia estar em um caminho de muitas tribulações e, como sabemos as adversidades fazem parte da jornada, mas ele não aceitava que tinha algo a ser enfrentado. Não se permitia refletir sobre mudanças que poderiam ser feitas para ter uma vida melhor e feliz.

Passaram-se alguns anos e as consequências foram visíveis. As crianças cresceram e estabeleceram um grande muro que os separava do pai. Sua esposa era meramente uma empregada na casa, sem sorrir, sem brincar ou namorar seu marido, seus amigos já não eram tão presentes em sua vida e ele se viu sozinho e ferido. Ele não percebeu que estava plantando tudo isso com atitudes egoístas que buscavam apenas dar conta dos compromissos financeiros. As pessoas foram abandonadas, deixadas de lado e o que sobrou para ele foi apenas ele mesmo em um estado emocional cansado e deprimido, necessitando de cuidados.

Muitas das nossas ações começam em nossa mente que nunca para de trabalhar. Pensamos o tempo todo em inúmeras situações, que causam um cansaço ao nosso sistema nervoso e aumentam o nosso cortisol em horários em que isso pode interferir em nossa rotina de sono e descanso. Acalmar a mente é uma tarefa que considero difícil, mas possível. Para isso, indico a prática de meditação, o parar e pensar com calma sobre uma situação, a busca pela solução das situações adversas sem procrastinação e uma consciência maior da respiração. Algo que vem me ajudando a acalmar a minha mente e desacelerar meus pensamentos é o prestar atenção no meu momento presente, sentir a minha respiração, procurando relaxar minhas expressões faciais e ouvir os sons ao meu redor. Isso me acalma e me coloca frente a frente com meu próprio ser no momento do agora.

Acredito que seja fundamental valorizar os sinais do nosso corpo e procurar ofertar a ele condições de equilíbrio e funcionamento saudável de acordo com as possibilidades do momento.

Quando estive em situações de muita ansiedade e estresse e não tinha muito conhecimento sobre como proceder, ficava irritada com maior facilidade, perdia totalmente o foco do momento presente e ficava com a mente focada muito mais nos problemas

UM SONHO OU UMA VIDA?

do que em soluções. Isso me distanciava dos fatos do momento e das pessoas. Era como se eu respondesse de imediato às necessidades daquele dia, mas sem vivê-lo de fato. Houve situações em que parecia que meu corpo respondia a tudo com autoridade e rapidez, mas que eu estava perdendo-me de mim mesma, como uma máquina programada para realizar uma série de coisas sem muita vida, sem muita alegria ou emoção.

Hoje, graças à tomada de consciência daquilo que é essencial para meu corpo e minha mente, procuro sempre manter meus pensamentos no aqui e agora, exato momento em que tenho e fazer as minhas atividades com mais tranquilidade, ofertando para mim e para as demais pessoas mais atenção.

Não quero apresentar uma fórmula pronta para acalmar a mente até porque eu não acredito que isso exista. Penso que cada um de nós deve destinar um tempo para o autoconhecimento e buscar sentir o que faz bem para si mesmo, o que deixa o coração mais alegre e os pensamentos em um ritmo em que podemos processar as tarefas que estamos realizando conscientemente.

Outro dia, em uma conversa com uma amiga, escutei um questionamento sobre o que é certo ou errado de ser feito dentro de uma perspectiva de comportamento individual frente às situações adversas da vida cotidiana e respondi a ela que todos estão certos, o que modifica é o estágio de cada indivíduo. Alguns perceberam que ao escutar os sons de seu corpo, mente e coração conseguem agir de uma maneira em que o comportamento esteja em harmonia com as necessidades do que é essencial ao seu equilíbrio e consciência existencial, enquanto outros não se importam em seguir oferecendo respostas imediatas às situações de que lhe são impostas sem se preocupar com outros fatores, pois não se sentem em prejuízo ou diante de algo que demande preocupação ou mudança.

De qualquer forma, não avalio como comportamento certo ou errado, ou como pessoa agindo corretamente e pessoa agindo errado. Cada um tem suas escolhas de acordo com sua compreensão de mundo e suas possibilidades. Hoje em dia percebo que devemos estar sempre cuidando de nós mesmos, ocupando nosso tempo em melhorar a nossa própria vida em todos os aspectos e deixar que o outro encontre seu caminho no tempo dele. Acredito que manter o foco em nós, em nossas próprias mudanças e harmonização com o universo e com a vida acaba refletindo positivamente na vida das outras pessoas.

Voltando ao caso do homem ocupado demais que acabou perdendo um pouco do tempo de convivência com as pessoas de seu círculo de convivência pessoal, para ele as atitudes que ele estava tendo frente às necessidades cotidianas estavam corretas e era saudável, pois com a preocupação em trazer dinheiro para a manutenção da família todos seriam atendidos. Ele não percebia as perdas, não tinha consciência do momento presente. Estava com a mente presa às responsabilidades de ser um chefe de família que pudesse honrar com todas as obrigações financeiras.

Quando conversamos sobre algumas dessas questões, ele disse que iria fazer de tudo para aceitar as coisas de um outro jeito. Respeitar que seus pensamentos e conclusões não eram uma verdade universal. Como militar, essa tarefa não estava sendo nada fácil, mas houve uma disponibilidade em lutar por uma vida mais feliz e equilibrada.

Vejo nesse homem muita disposição para agir de maneira diferente, e quando agimos de outra forma, os resultados são novos e podem ser surpreendentes.

Não espere um resultado X ou Y. Faça seus planos de mudança e aguarde com amor e gratidão pelos resultados, mantendo sempre o foco em seus objetivos e sonhos.

Olhe para si mesmo e encontre aqueles olhinhos que o(a) acompanharam durante sua infância e as razões para o despertar de um grande sorriso iluminado em seu rosto. Busque por lembranças de momentos que fizeram seu coração bater forte de alegria e gratidão e encontre em você mesmo as respostas para o que é melhor para sua vida, quais áreas precisam ser

UM SONHO OU UMA VIDA?

trabalhadas para que não haja tanto sofrimento para si mesmo e para as pessoas de sua convivência, o que seria melhor manter e modele seu comportamento atual de maneira personalizada tendo como foco uma vida de maior qualidade, uma vida com harmonia e felicidade onde você e as pessoas a sua volta estejam verdadeiramente integradas, realizadas e felizes.

Para alguns, isso pode ser visto como utopia; para mim, possibilidades que dependem primeiramente de mim mesma.

Acalmar a mente pode proporcionar mais tranquilidade e segurança em vários aspectos da vida. Uma mente desacelerada pode diminuir em muito a ansiedade, o nervosismo e a sensação de angústia.

Em uma outra ocasião, uma pessoa comentou sobre um nível alto de ansiedade no ambiente profissional após reuniões promovidas por sua chefia cercadas de cobranças e exigências. Ela queria uma ajuda para conseguir trabalhar, pois essas reuniões eram realizadas às segundas-feiras e a perturbavam de tal maneira que seu rendimento acabava ficando ainda mais a desejar. Dessa forma, a cada reunião, ela nutria mágoas, sentimento de impotência e desânimo para seguir com seus afazeres profissionais. A sugestão de conduta que ofertei a ela e deu um bom resultado irei relatar a seguir:

Em uma situação de cobrança e desânimo no ambiente de trabalho:

1. Observe sua conduta profissional;

2. Após observar sua conduta profissional, pense se pode fazer seu trabalho de uma outra maneira que traga resultados ainda mais satisfatório para si mesmo e para os outros;

3. Observe alguém que você considera um profissional de excelência em seu trabalho;

4. Busque por essa pessoa, converse com ela e peça algumas dicas ou ajuda para que você possa ter melhores resultados;

5. Elabore um plano de ação que possa levá-lo(a) a um novo resultado e busque executá-lo o melhor possível;

6. Dedique-se o melhor possível ao que estiver fazendo;

7. Avalie seu próprio desenvolvimento e veja as conquistas pessoais e profissionais alcançadas a partir dessa atitude;

8. Registre seus acertos e erros e siga em busca de aperfeiçoar suas tarefas mantendo o foco em você e suas conquistas.

Esses conselhos podem ser ampliados e usados em outras áreas da sua vida, pois, se houver uma área em que seu desempenho não esteja agradando a você mesmo e/ou as outras pessoas, vale a pena investir em novas atitudes e estratégias em busca de um resultado diferente.

O que você e eu não podemos é ficar de braços cruzados diante de uma situação adversa, pois elas estão presentes o tempo todo e a partir do momento em que decidimos pelo enfrentamento vamos nos fortalecendo e nos preparando para as novas situações que irão surgir. Já comentamos sobre isso nesta obra.

A vida é recheada de adversidades e cada prova que enfrentamos nos fortalece para novas jornadas. A vida não é estática, mas uma sequência de acontecimentos inesperados e surpreendentes que nos envolvem e criam um cenário inexplorado a cada amanhecer. Não é prudente ficar com ideias de constância no que diz respeito à vida. Viver requer coragem para despertar do sono, abrir os olhos, levantar-se para inúmeros afazeres que preenchem nosso dia. Viver requer de cada ser disponibilidade e preparo para imprevistos. Ao acordar a cada amanhecer não sabemos quais serão as batalhas que teremos que enfrentar, então, o melhor a fazer é preparar o coração para manter a alegria e a disposição para essa aventura diária para cada ser vivo.

UM SONHO OU UMA VIDA?

Estar aqui é um privilégio e não sabemos quanto tempo temos nesta jornada de vida, apenas criamos uma expectativa de que aos 10 temos muitos anos pela frente, aos 40 estamos no meio da jornada e aos 80 nos aproximando da morte. Mas, na verdade, tudo é muito incerto. Tenho observado que não há uma ordem no que diz respeito ao nosso tempo aqui no planeta Terra. Alguns deixam esse lugar muito cedo e não chegam nem a tornar-se criança, ainda bebês seguem para uma outra jornada. Alguns, muito jovens, encontram uma adversidade que os levam ao fim da vida abruptamente por aqui e outros enfrentam por muitos anos o definhar da saúde física na espera do momento em que deixaram longos períodos de dores para trás. De nada sabemos e não há como prever os acontecimentos futuros, mas podemos nos dedicar em ter uma vida com mais sentido e significado. Todos estamos aqui neste instante e eu creio que há uma razão que justifique a nossa passagem por aqui e que essa razão ficou esclarecida com a vinda de Jesus Cristo para esse mundo. Do fundo do meu coração creio que estamos aqui para uma evolução do nosso caráter e para aprender a ofertar para nós mesmos, para as outras pessoas e para as demais criaturas e objetos muito amor, cuidado e atenção. Quando vamos percebendo que todos estamos em constante aprendizagem e que os nossos erros e os erros das outras pessoas fazem parte desse processo parece que nosso coração vai se acalmando e ficando em paz.

Ontem recebi uma ligação inesperada, de uma amiga que não costumamos conversar com tanta frequência em função da rotina e das atribuições de cada uma, mas uma amiga pela qual eu tenho muito afeto, amor e carinho. Nessa ligação eu recebi uma triste notícia de uma outra pessoa que está muito enferma e, para os médicos, sem perspectivas de vida. Uma forte dor cortou meu coração, pois se trata de alguém que no passado havia travado uma luta contra um câncer e obtido a cura, mas que agora, alguns anos depois, o câncer novamente moldou-se em uma nova batalha em sua vida.

Sabe, queridos leitores, não sabemos o mapa que forma o território do outro e nem sabemos direito a respeito do nosso próprio mapa. Mas sabemos que todos somos capazes de amar e todos necessitamos de amor e esse amor transforma e salva vidas. Aprender a amar e aprender a viver verdadeiramente. Quando vivemos amargurados ou cheios de sentimentos como tristeza, rancor e raiva, vamos morrendo aos poucos. Nosso brilho é ofuscado e tais sentimentos vão intoxicando nosso organismo e atraindo doenças para o nosso corpo e nossas emoções. Existe uma afirmação que ouço constantemente e dou total credibilidade que é a seguinte: não importa o que os outros fizeram com você ou para você, importa o que você decide fazer. Eu quero acordar todos os dias e decidir entregar minha vida com amor ao Criador. Quero aceitar todas as minhas adversidades e provas ciente de que fazem parte do meu desenvolvimento como ser humano aqui nesse mundo e que assim que o amor de Deus estiver completo em meu coração, em minha vida e em minhas ações, eu estarei pronta para espalhar esse amor a tudo o que estiver ao meu redor e disponível para deixar essa Terra e partir para onde o Senhor me levar.

Eu não acredito na morte. Ao olhar para mim mesma e para as demais pessoas, principalmente para o meu filho amado, tenho plena certeza de que todos nós sempre existimos e ao ler a palavra bíblica e observar que Deus soprou o seu próprio ar em minhas e suas narinas, sei que todos pertencemos a ele e que ele dirige todo ser que aqui está.

Então, acalme-se e tenha fé nas promessas do Criador! **Acalmar a mente pode ser uma grande estratégia para escapar da ansiedade que suga sua essência.**

A ansiedade é a incerteza das coisas que irão acontecer, é sofrer por algo que não sabemos ao certo o que é e nem como é. É ficar com o foco e pensamentos em condições e não na realidade. Quando estamos com ansiedade usamos muito a palavra "SE", e se isso acontecesse..., e se fosse desse jeito..., e se não acontecer...

UM SONHO OU UMA VIDA?

Esse "SE" é apenas a possibilidade de algo, nada real, nada produtivo, mas podemos usar essa palavra para a seguinte situação de questionamento que nos faça viver melhor o hoje: "e se eu morresse hoje?". Pensando nessa pergunta, alimente seu hoje com as melhores palavras, os melhores pensamentos, resolva todas as adversidades que surgirem neste dia, entregue seu coração para a pureza e intensidade das boas emoções, como paz, amor, fraternidade, harmonia e paciência. Faça isso por você mesmo e pelos outros. O primeiro a ser nutrido é você mesmo(a) e depois você estende esses sentimentos aos outros.

Respire profundamente quando surgirem pensamentos que interfiram e causem ansiedade. Faça uma respiração consciente e profunda por umas 10 vezes e depois deixe essa respiração fluindo sem pensar nela, apenas lembrando de como é bom respirar, como é bom estar vivo, como é bom estar no aqui e no agora podendo fazer escolhas e viver em paz.

Esse processo de respiração tem me ajudado muito em relação à ansiedade e, hoje, eu já posso dizer que eu controlo a minha ansiedade e não mais ela me controla, e se há algo que eu possa fazer para ajudar você é escrever este livro e deixar aqui algumas dicas de coisas vividas, condutas reais que, quando aplicadas com seriedade, podem ajudar na conquista de uma vida melhor, lembrando sempre de que uma vida melhor deve ter sentido, significado, deve ser recheada de sonhos e planos para lutar com mais disposição em busca de uma realização pessoal que nos leve a ser alguém com mais alegria e plenitude de vida.

Abandone a ansiedade, analise quais ações você pode fazer para essa conquista. Abandone a mágoa, o desamor, a angústia, a raiva e entregue-se por inteiro ao amor do Criador. Entregue-se aos sentimentos de amor, alegria e contentamento. Sorria de seus erros e deixe a vida transcorrer com mais leveza e paz.

Essas atitudes não são fáceis, eu sei, mas são possíveis. Quando eu decidi abandonar esses sentimentos que me machucavam foi muito difícil, mas hoje eu posso comentar a respeito com sucesso. Então, é possível.

Eu trazia muita angústia e mágoa em meu coração por acontecimentos que não eram mais parte da minha vida, tinham ficado para trás, lá na infância em que eu convivia com as atitudes de um pai violento quando alcoolizado. Foi difícil acordar aos 9 anos de idade e receber a notícia de que meu pai havia tentado me matar com um tiro na cabeça enquanto eu dormia e eu nem tinha acordado com o barulho da arma. Minha mãe achou que eu estava morta porque não entendia como eu não havia despertado e ela não via meu corpo mexer-se para respirar ou virar de posição.

Por muitos anos eu fiquei pensando se minha mãe teria tido coragem de denunciar meu pai caso ele tivesse me matado ou se teria me enterrado no quintal da casa e comentado com os vizinhos que eu havia viajado ou coisa parecida. Fiquei perdida em mim mesma, sem compreender muito a respeito do amor, mas percebia que minha mãe amava desesperadamente meu pai e que o amor maior ao outro que a si mesmo é capaz de suportar o insuportável, e tudo isso acabou me distanciando da entrega ao amor. Eu ficava com medo de me entregar ao amor e acabar fazendo o que minha mãe fazia, sendo cúmplice em atitudes que machucam e causam traumas.

Mas depois de muito tempo eu compreendi que sempre estive cercada pelo amor, um amor que apenas o Criador poderia ter me dado. Ele cuidou do meu sono naquela data, ele me acordou e me mostrou que nada havia me machucado e que eu estava viva para simbolizar seu maravilhoso amor. Estou grata por tudo o que já me aconteceu porque todas as adversidades me levaram ao amor maior e a compreender que as pessoas que encontramos por aqui foram escolhidas para fazer parte do nosso crescimento pessoal e que as situações adversas fazem parte da vida de todos os seres. Eu não mudaria nada em minha vida hoje. Eu não mudaria meus pais, meus irmãos, minha família, meu ex-esposo e muito menos meu filho amado. Tudo está e sempre esteve do jeito certo e só posso ter gratidão em meu coração. Quando a mágoa perde espaço para o amor, tudo é transformado e você compreende que ninguém sabe muito bem o que está fazendo e que todos erram até aperfeiçoar a alma e o coração nas graças do Criador. Não tenha medo do que vai acontecer amanhã! Viva o hoje com inteira dedicação a você mesmo(a) e ao bem de todos. Viva apenas o hoje! Um dia de cada vez! E encontre paz, alegria, amor e gratidão.

Observe onde você está agora e verifique tudo o que pode ser feito hoje para que você obtenha um estado emocional mais tranquilo e menos ansioso.

10.

PERDOAR REQUER UM ESFORÇO INICIAL QUE DEMANDA O RECONHECIMENTO DE QUE TODOS, SEM EXCEÇÃO, ERRAM

Sinto que perdoar é algo extremamente difícil mesmo para as pessoas que afirmam que possuem facilidade em perdoar. Levamos sentimentos de culpa por ter apresentado um determinado comportamento ou falado algo a alguém, ou deixado de falar ou fazer algo, ou por ter sentido ou deixado de sentir algo por alguém. São tantas as informações e pensamentos que interferem em nossa conduta de sentimento de culpa que poderíamos permanecer em muitas e muitas páginas nos referindo a esse assunto e à necessidade de perdão.

O perdão é necessário para que a nossa força encontre as nossas fraquezas e crie uma conduta de paciência, tolerância e paz. Quando nos perdoamos e quando perdoamos as ofensas que nos atingem encontramos um ponto de equilíbrio jamais imaginado e aprendemos uma nova filosofia de vida que nunca poderíamos imaginar. É como se precisássemos muito da presença do perdão em nossas vidas para uma evolução, uma sensação de segurança e paz. Lembro-me do momento em que perdoei meu pai pelas falhas que ele apresentava quando alcoolizado. É como se todo o meu corpo, minha mente e emoções precisassem muito desse perdão. Então, quando perdoamos alguém ou quando aprendemos a perdoar a nós mesmos tudo se transforma e uma nova emoção toma conta dos seus pensamentos e do seu coração.

Perdoe todas as coisas, perdoe todas as ofensas, perdoe-se de tudo e passe a enxergar que os erros devem ser revistos e corrigidos para que as condutas humanas causem menos feridas, mas eles fazem parte das ações humanas para a aquisição do amadurecimento e da evolução. Não aconselho o entendimento desta obra com olhos críticos repletos de julgamentos ou constatações equivocadas do que se objetiva com ela, distorcendo palavras e considerando a possibilidade de ficar repetindo constantemente o mesmo erro por teimosia ou conclusões universais. Isso não leva ninguém a lugar algum e não amadurece ou evolui o caráter. Estou me referindo à compreensão simples, com uma leitura leve que fortaleça nosso interior em busca de uma vida mais harmoniosa e feliz.

Mencionando sobre nossos erros e acertos e apresentando aconselhamentos a partir de histórias vividas por algumas pessoas, creio que possamos avaliar melhor nossas condutas mediante as situações adversas cotidianas. Conscientizando-nos de que iremos errar muitas vezes conosco e com as demais pessoas e que há, sim, a necessidade de evoluir e avançar nas condutas de tolerância e perdão, podemos viver com mais equilíbrio e simplicidade.

Buscar melhorar nossas falhas, abandonando a repetição dos mesmos erros, ajuda na performance de um ser humano melhor, mas para isso é preciso entender o erro como parte da nossa história de vida.

A pessoa que fica permitindo que o mesmo erro se apresente rotineiramente em sua vida não está transformando seu caráter para melhor e não está em harmonia e equilíbrio consigo mesma ou com as outras pessoas com as quais convive.

Há a necessidade de percebermos as nossas falhas e de procurarmos trabalhar intensamente para nos libertar delas. Agindo assim, estabelecemos com o universo o compromisso de fazer diferente em uma próxima oportunidade, proporcionando o bem para nós mesmos e para todos os que convivem conosco.

Quando procuramos na bíblia informações a respeito do perdão percebemos que são muitos os conselhos para que ele seja presente em nosso viver.

No livro de Efésios 4:32 lemos as seguintes informações: "Sejam bondosos e compassivos uns para com os outros, perdoando-se mutuamente, assim como Deus os perdoou em Cristo".

Em Salmos 32:1 lemos: "Como é feliz aquele que tem suas transgressões perdoadas e seus pecados apagados!".

Em 1 Pedro 4:8: "Sobretudo, amem-se sinceramente uns aos outros, porque o amor perdoa muitíssimos pecados".

E, também em Lucas 7:47, encontramos a seguinte mensagem: "Portanto, eu digo, os muitos pecados dela lhe foram perdoados; pois ela amou muito. Mas aquele a quem pouco foi perdoado, pouco ama".

Sabemos que há muitas outras passagens bíblicas a respeito do perdão e do amor.

Outro dia estava conversando com alguém a respeito do amor e vieram vários questionamentos relacionados ao que seria o amor ou qual seria a atitude que o expressasse fielmente e concluímos que "amar é perdoar". Quando nos enchemos do amor divino conseguimos perdoar as nossas falhas e pedir perdão para as pessoas que ofendemos. E quando amamos uma outra pessoa, compreendemos que ela também é falha e que necessita do nosso perdão.

O perdão nos ajuda a conviver melhor com nossos comportamentos mediante as situações ou os denominados "erros" que cometemos e com os comportamentos ou erros das outras pessoas. Todo indivíduo comete ações adequadas e inadequadas em sua jornada. São fatos naturais na vida de todos, e acredito que fazem parte do desenvolvimento e crescimento humanos. Lembrando de minhas falhas, percebo o quanto vou aprendendo por meio delas e aprimorando outro comportamento que venha a apresentar melhores resultados que gerem mais alegrias que desalentos.

Dessa forma, convivemos com maior harmonia uns com os outros, perdoando e sendo perdoados, causando menos traumas e feridas vamos construindo uma história de vida de evolução constante. Evoluir, em minha concepção, é perdoar a si mesmo, perdoar as demais pessoas e aceitar que todos estão caminhando em estágios diferentes. Uns compreendem melhor que não existem vilões, culpados ou vítimas, são todos "seres em evolução" buscando mecanismos para seguir a vida com aquilo que compreendem das situações ao redor. Os erros dos nossos pais foram cometidos por consequência daquilo que eles aprenderam de mundo, de certo e errado, de bom ou ruim, e nossos erros correspondem aos nossos conhecimentos de mundo, das situações que nos foram apresentadas. Não há perfeição em ninguém e não há quem esteja livre de falhas.

Peço que se lembre, agora, de um momento em que você falhou com alguém e precisou muito de perdão e o escreva a seguir:

_____

_____

_____

_____

_____

_____

_____

_____

Lembre-se também de um momento em que decidiu perdoar alguém que havia falhado com você e escreva a respeito de como se sentiu:

_____

_____

_____

_____

UM SONHO OU UMA VIDA?

Agora, encaminhando-me para o final desta obra, espero verdadeiramente ter contribuído para uma reflexão que seja favorável e benéfica à sua vida cotidiana. Desejo muito que você consiga ver em si mesmo(a) sempre a criança sonhadora que conheceu na infância, cheia de sonhos, risos, curiosidade e graça. Que sua vida seja um constante movimento que leva à construção de um ser humano melhor a cada dia, que colabore para a própria felicidade e para a felicidade de outras pessoas.

Sonhar faz bem ao coração e lutar pela realização dos nossos sonhos é um dever que nos fortalece enquanto pessoas.

Um conselho bem simples que ouvi de meu pai em nossa última conversa, embora eu nem imaginasse que seria a última, foi muito significativo para mim e deixarei aqui para meus leitores: "Sorria mais para a vida e não a leve muito a sério!".

Obrigada, pai!

Obrigada, leitor(a)!

Gratidão ao Criador que a cada amanhecer me dá uma nova oportunidade de ser feliz, de encontrar minha criança e acreditar que todas as coisas são possíveis!

REFERÊNCIAS

BÍBLIA ONLINE. *Site Bíblia Online*. Disponível em: https://www.bibliaonline.com.br/acf. Acesso em: 14 out. 2022.

CARROLL, Lewis. *Alice no País das Maravilhas*. São Paulo: Universo dos Livros, 2014.

JOHNSON, Spencer. *Quem mexeu no meu queijo*. Rio de Janeiro: Record, 2011.

SAINT-EXUPÉRY, Antoine. *O Pequeno Príncipe*. São Paulo: Editora Escala, 2015.